Unsere beliebtesten Märchen

Es war einmal... Unsere beliebtesten Märchen

Herausgegeben von
Rainer Wehse mit Dorothee Enzian

Zeichnungen von
G. J. W. Vieth

BASSERMANN

Vorwort

Es war einmal…, darf, ja kann man heute noch so beginnen, zurücktauchen in eine Welt der Könige und Prinzen, der Feen und Elfen, der guten und der bösen Menschen, hinein in eine Welt der klaren Unterscheidungen?
Es gab eine Zeit, da wurden Märchen verdammt. Es hieß, sie seien zu brutal und verstörten die Kinder; sie seien fern unserer Realität, auf die es die Kinder vorzubereiten gelte, dafür würden Märchen nicht taugen.
Lächeln wir heute nicht ein wenig über diese Einstellung? Erscheinen uns diese Kategorien der Zweckmäßigkeit im nachhinein nicht von einer geradezu unbarmherzigen Sachlichkeit und großen Armut an Phantasie geprägt? Erinnern wir uns doch nur: Waren nicht unsere ersten Vorleseerlebnisse eben jene „brutalen" und „realitätsfernen" Geschichten? Haben wir nicht mit unseren Helden gelitten und waren hochzufrieden, wenn alles ein gutes Ende fand?
Und wenn sie nicht gestorben sind, dann leben sie noch heute…
„Kinder brauchen Märchen!" Spätestens nach dieser damals provokanten These des Kinderpsychologen Bruno Bettelheim haben wir wieder begriffen, was für unsere Großeltern so selbstverständlich war: daß Märchen mehr sind als nur spannende Geschichten, daß aus ihnen uralte Erfahrungen zu uns sprechen. Lassen wir uns erneut faszinieren von diesen immer wieder gern erzählten Geschichten!

Zum Geleit

Zwei Königssöhne gingen auf Abenteuer ..." Gleich wissen wir: Hier wird es spannend, ein Abenteuer erwartet uns. Und zwar ein so faszinierendes, daß Menschen seit Hunderten oder Tausenden von Jahren dieselben Geschichten immer wieder erzählten: die alten weisen Märchenerzähler des Orients auf den Märkten, Kameltreiber am Lagerfeuer, die Frauen abends in den Spinnstuben, Reisende auf ihren oft beschwerlichen Fahrten über Land oder während der Rast im Wirtshaus.
Aber nicht nur die Märchen selbst sind abenteuerlich, sondern auch die Art, wie sie zu uns gekommen sind. Zum Beispiel Aschenputtel: Lange vor Erfindung des Buchdrucks vermutlich in Nordvietnam entstanden, wurde es von Mund zu Mund weitergegeben und wanderte so über Indien, Persien, die türkischen Hochebenen und die Schluchten des Balkan bis nach Deutschland. Woher wir das alles wissen? Durch die Detektivarbeit der volkskundlichen Märchenforschung – und diese ist das dritte spannende Abenteuer in der Märchenwelt.

R. Wehse

Rainer Wehse
Herausgeber

INHALT

Schneewittchen

Kleine Märchenkunde

Bei der Kasselaner Familie Hassenpflug hörten die Brüder Grimm 1808 dieses Märchen, das sie zunächst „Schneeweißchen" *nannten. Sie waren jedoch nicht die ersten, die es drucken ließen: Schon zuvor war der Stoff z. B. vom Italiener Basile 1637, vom Franzosen Perrault 1696 und von dem Deutschen Musäus 1782 veröffentlicht worden. Aber nicht nur in Italien und Frankreich wurde das Märchen erzählt, sondern in vielen Ländern und Erdteilen, bis hin nach Afrika und Amerika.*
So wie den Grimms die Geschichte ursprünglich berichtet wurde, steht sie nicht in den Kinder- und Hausmärchen. *Die Brüder nahmen Änderungen vor nach Fassungen, die sie anderswo gehört hatten. In einer von ihnen zum Beispiel fahren ein Graf und eine Gräfin nacheinander an drei Haufen weißen Schnees, drei Gruben mit rotem Blut und drei Raben vorbei. Da wünscht sich der Graf ein Mädchen mit Haut so weiß wie Schnee, Wangen so rot wie Blut und Haaren so schwarz wie die Raben. Als sie weiterfahren, begegnet ihnen auf der Straße ein solches Mädchen: Schneewittchen. „Der Graf ließ es gleich in die Kutsche setzen und hatte es lieb, die Gräfin aber sah es nicht gern und dachte nur, wie sie es wieder loswerden könnte." Danach wird Schneewittchen zu den sieben Zwergen verschlagen — so sind wir den Fortgang des Märchens in Deutschland gewöhnt. Jedoch erzählt man in anderen Gegenden völlig verschieden davon: Schneewittchen gerät dann statt zu den Zwergen in Räuberhöhlen, zu Riesen, Drachen oder Menschenfressern. Es ist typisch, daß Märchen sich im Lauf ihrer Geschichte und bei verschiedenen Erzählgemeinschaften wandeln.*

Es war einmal mitten im Winter, und die Schneeflocken fielen wie Federn vom Himmel herab, da saß eine Königin an einem Fenster, das einen Rahmen von schwarzem Ebenholz hatte, und nähte. Und wie sie so nähte und nach dem Schnee aufblickte, stach sie sich mit der Nadel in den Finger, und es fielen drei Tropfen Blut in den Schnee. Und weil das Rot im weißen Schnee so schön aussah, dachte sie bei sich: „Hätt ich ein Kind so weiß wie Schnee, so rot wie Blut und so schwarz wie der Fensterrahmen." Bald darauf bekam sie ein Töchterlein, das war so weiß wie Schnee, so rot wie Blut und so schwarzhaarig wie Ebenholz, und darum wurde es Schneewittchen genannt. Und als das Kind geboren war, starb die Königin.

Nach einem Jahr nahm sich der König eine andere Frau. Sie war schön, aber stolz und übermütig und duldete es nicht, von jemandem an Schönheit übertroffen zu werden. Sie hatte einen wunderschönen Spiegel, wenn sie vor den trat und sich darin anschaute, sprach sie:

„Spieglein, Spieglein an der Wand,
wer ist die Schönste im ganzen Land?"

Da antwortete der Spiegel:

„Frau Königin, Ihr seid die Schönste
im Land."

Da war sie zufrieden, denn sie wußte, daß der Spiegel die Wahrheit sagte.

Schneewittchen aber wuchs heran und wurde immer schöner, und als es sieben Jahre alt war, war es so schön wie der klare Tag und schöner als die Königin selbst. Als diese einmal ihren Spiegel fragte:

„Spieglein, Spieglein an der Wand,
wer ist die Schönste im ganzen Land?"

Da antwortete er:

„Frau Königin, Ihr seid die Schönste hier,
aber Schneewittchen ist tausendmal schöner als Ihr."

Da erschrak die Königin und wurde gelb und grün vor Neid. Von Stund an, wenn sie Schneewittchen erblickte, drehte sich ihr das Herz im Leibe um, so haßte sie das Mädchen. Und Neid und Hochmut wuchsen und wurden so groß in ihr, daß sie Tag und Nacht keine Ruhe mehr hatte. Da rief sie einen Jäger und sprach: „Bring das Kind hinaus in den Wald, ich will es nie mehr sehen. Dort sollst du es töten und mir Lunge und Leber als Zeichen mitbringen." Der Jäger gehorchte und führte es hinaus. Aber als er den Hirschfänger gezogen hatte und Schneewittchens unschuldiges Herz durchbohren wollte, fing es an zu weinen und sprach: „Ach, lieber Jäger, laß mir mein Leben; ich will in den wilden Wald laufen und nimmermehr heimkommen." Und weil es so schön war, hatte der Jäger Mitleid und sprach: „Dann lauf, du armes Kind." „Die wilden Tiere werden dich bald gefressen haben", dachte er, und doch fiel ihm ein Stein vom Herzen, weil er es nicht zu töten brauchte. Und weil gerade ein junger Frischling dahergesprungen kam, stach er ihn ab, nahm Lunge und Leber heraus und brachte sie als Beweis der Königin mit. Der Koch mußte sie in Salz kochen, und die boshafte Frau aß sie auf und meinte, sie hätte Schneewittchens Lunge und Leber gegessen.

Nun war das arme Kind in dem großen Wald mutterseelenallein und hatte große Angst und wußte nicht, wie es sich helfen sollte. Da fing es an zu laufen und lief über die spitzen Steine und durch die Dornen, und die wilden Tiere sprangen an ihm vorbei, aber sie taten ihm nichts. Es lief, solange es die Füße trugen, bis daß es Abend werden wollte. Da sah es ein kleines Häuschen und ging hinein, um auszuruhen. In dem Häuschen war alles klein, aber so zierlich und rein, daß es nicht zu sagen war. Da stand ein weiß gedecktes Tischlein mit sieben kleinen Tellern, jedes Tellerlein mit seinem Löffelein, ferner sieben Messerlein und Gäblein und sieben Becherlein. An der Wand waren sieben Bettlein nebeneinander aufgestellt und schneeweiße Laken darübergedeckt. Weil Schneewittchen so hungrig und durstig war, aß es von jedem Tellerlein ein wenig Gemüse und Brot und trank aus jedem Becherlein einen Tropfen Wein, denn es wollte nicht einem allein alles wegnehmen. Danach war es sehr müde und legte sich in ein Bettchen, aber keins paßte; das eine war zu lang, das andere zu kurz, bis endlich das siebente recht war, und darin blieb es liegen, betete zu Gott und schlief ein.

Als es ganz dunkel geworden war, kamen die Herren von dem Häuslein. Das waren die sieben Zwerge, die in den Bergen nach Erz hackten und gruben. Sie zündeten ihre sieben Lichtlein an, und als es nun hell im Häuslein war, sahen sie, daß jemand darin gewesen war, denn es stand nicht alles so in der Ordnung, wie sie es verlassen hatten. Der erste sprach: „Wer hat auf meinem Stühlchen gesessen?“ Der zweite: „Wer hat von meinem Tellerchen gegessen?“ Der dritte: „Wer hat von meinem Brötchen genommen?“ Der vierte: „Wer hat von meinem Gemüschen gegessen?“ Der fünfte: „Wer hat mit meinem Gäbelchen gestochen?“ Der sechste: „Wer hat mit meinem Messerchen geschnitten?“ Der siebente: „Wer hat aus meinem Becherlein getrunken?“ Dann sah sich der erste um und sah, daß auf seinem Bett eine kleine Vertiefung war. Da sprach er: „Wer hat in mein Bett getreten?“ Die anderen kamen gelaufen und riefen: „In meinem hat auch jemand gelegen.“ Als der siebente aber in sein Bett sah, erblickte er Schneewittchen, das lag darin und schlief. Da rief er die anderen. Die kamen herbeigelaufen und schrien vor Verwunderung, holten ihre sieben Lichtlein und beleuchteten Schneewittchen. „Ei, du mein Gott! Ei, du mein Gott!“ riefen sie, „Was ist das Kind so schön!“ Und sie hatten so große Freude, daß sie es nicht aufweckten, sondern im Bettlein fortschlafen ließen. Der siebente Zwerg aber schlief bei seinen Kameraden, bei jedem eine Stunde, dann war die Nacht herum.

Als es Morgen war,
erwachte Schneewittchen, und als es die sieben Zwerge sah, erschrak es. Sie waren aber freundlich und fragten: „Wie heißt du?" „Ich heiße Schneewittchen", antwortete es. „Wie bist du in unser Haus gekommen?" sprachen weiter die Zwerge. Da erzählte es ihnen, daß seine Stiefmutter es hätte umbringen lassen wollen, der Jäger hätte ihm aber das Leben geschenkt, und da wäre es den ganzen Tag gelaufen, bis es endlich ihr Häuslein gefunden hätte. Die Zwerge sprachen: „Willst du unseren Haushalt führen, kochen, Betten machen, waschen, nähen und stricken, und willst du alles ordentlich und rein halten, so kannst du bei uns bleiben, und es soll dir an nichts fehlen." Das versprach Schneewittchen und blieb bei ihnen. Es hielt das Haus in Ordnung. Morgens gingen die Zwerge in die Berge und suchten nach Erz und Gold, abends kamen sie wieder, und da mußte ihr Essen bereit sein. Den Tag über war das Mädchen allein. Da warnten es die guten Zwerglein und sprachen: „Hüte dich vor deiner Stiefmutter, die wird bald wissen, daß du hier bist; laß ja niemand herein!"

Die Königin aber, die glaubte, Schneewittchens Lunge und Leber gegessen zu haben, dachte an nichts anderes, als wieder die Erste und Allerschönste zu sein, und trat vor ihren Spiegel und sprach:

„Spieglein, Spieglein an der Wand,
wer ist die Schönste im ganzen Land?"

Da antwortete der Spiegel:

„Frau Königin, Ihr seid die Schönste hier,
aber Schneewittchen über den Bergen,
bei den sieben Zwergen,
ist noch tausendmal schöner als Ihr."

Da erschrak sie, denn sie wußte, daß der Spiegel keine Unwahrheit sprach, und merkte, daß der Jäger sie betrogen hatte, und Schneewittchen noch am Leben war. Und da sann und sann sie aufs neue, wie sie es umbringen könnte; denn solange sie nicht die Schönste war im ganzen Land, ließ ihr der Neid keine Ruhe. Und als sie sich endlich etwas ausgedacht hatte, färbte sie sich das Gesicht, kleidete sich wie ein alte Krämerin und war ganz unkenntlich.

In dieser Gestalt ging sie über die sieben Berge zu den sieben Zwergen, klopfte an die Türe und rief: „Schöne Waren anzubieten!“ Schneewittchen schaute zum Fenster hinaus und sagte: „Guten Tag, liebe Frau, was habt ihr zu verkaufen?“ „Gute Ware, schöne Ware“, antwortete sie, „Schnürriemen in allen Farben.“ Schnell holte sie einen hervor, der aus bunter Seide geflochten war. „Diese ehrliche Frau kann ich hereinlassen“, dachte Schneewittchen, riegelte die Türe auf und kaufte sich den hübschen Schnürriemen. „Kind“, sprach die Alte, „wie du aussiehst! Komm, ich will dir dein Mieder einmal ordentlich schnüren.“ Schneewittchen war ganz arglos, stellte sich vor sie hin und ließ sich mit dem neuen Schnürriemen das Mieder schnüren; aber die Alte schnürte geschwind und schnürte so fest, daß dem Schneewittchen der Atem verging und es wie tot hinfiel. „Nun bist du die Schönste gewesen“, sprach sie und eilte hinaus.

Nicht lange darauf zur Abendzeit kamen die sieben Zwerge nach Hause. Aber wie erschraken sie, als sie ihr liebes Schneewittchen auf der Erde liegen sahen, und es regte und bewegte sich nicht, als wäre es tot. Sie hoben es in die Höhe, und weil sie sahen, daß es zu fest geschnürt war, schnitten sie den Schnürriemen entzwei. Da fing es an, ein wenig zu atmen und erwachte langsam wieder zum Leben. Als die Zwerge hörten, was geschehen war, sprachen sie: „Die alte Krämerfrau war niemand anderes als die gottlose Königin. Hüte dich und laß keinen Menschen herein, wenn wir nicht bei dir sind!“

Die böse Stiefmutter aber eilte nach Hause, trat vor den Spiegel und fragte:

„Spieglein, Spieglein an der Wand,
wer ist die Schönste im ganzen Land?“

Da antwortete er wie vorher:

„Frau Königin, Ihr seid die Schönste hier,
aber Schneewittchen über den Bergen,
bei den sieben Zwergen,
ist noch tausendmal schöner als Ihr."

Als sie das hörte, lief ihr alles Blut zum Herzen, so erschrak sie, denn sie erkannte wohl, daß Schneewittchen wieder lebendig geworden war. „Nun aber", sprach sie, „will ich etwas aussinnen, das dich zugrunde richten soll." Und mit Hexenkünsten, die sie verstand, machte sie einen giftigen Kamm. Dann verkleidete sie sich und nahm die Gestalt einer anderen alten Frau an. So ging sie hin über die sieben Berge zu den sieben Zwergen, klopfte an die Türe und rief: „Gute Waren anzubieten!" Schneewittchen schaute hinaus und sagte: „Geht nur weiter, ich darf niemand hereinlassen." „Das Ansehen wird dir doch erlaubt sein", sprach die Alte, zog den giftigen Kamm heraus und hielt ihn in die Höhe. Da gefiel er dem Kinde so gut, daß es sich bereden ließ und die Türe öffnete. Als es den Kamm erhandelt hatte, sprach die Alte: „Nun will ich dich einmal ordentlich kämmen." Das arme Schneewittchen dachte an nichts Böses und ließ die Alte gewähren; aber kaum hatte sie den Kamm in die Haare gesteckt, als das Gift darin wirkte und das Mädchen ohne Besinnung niederfiel. „Du Ausbund von Schönheit", rief die boshafte Frau, „jetzt ist's um dich geschehen", und ging fort. Zum Glück aber war es bald Abend und die sieben Zwerglein kamen nach Hause. Als sie Schneewittchen wie tot auf der Erde liegen sahen, hatten sie gleich die Stiefmutter in Verdacht, suchten nach und fanden den giftigen Kamm. Und kaum hatten sie ihn herausgezogen, kam Schneewittchen wieder zu sich

und erzählte, was vorgegangen war. Da warnten sie es noch einmal, auf der Hut zu sein, und niemandem die Tür zu öffnen.
Die Königin stellte sich daheim vor den Spiegel und sprach:

„Spieglein, Spieglein an der Wand,
wer ist die Schönste im ganzen Land?"

Da antwortete er wie vorher:

„Frau Königin, Ihr seid die Schönste hier,
aber Schneewittchen über den Bergen,
bei den sieben Zwergen,
ist noch tausendmal schöner als Ihr."

Als sie den Spiegel so reden hörte, zitterte und bebte sie vor Zorn. „Schneewittchen soll sterben", rief sie, „und wenn es mein eigenes Leben kostet." Darauf ging sie in eine ganz verborgene einsame Kammer, wo niemand hinkam, und machte dort einen giftigen Apfel zurecht. Äußerlich sah er schön aus, weiß mit roten Backen, daß jeder, der ihn erblickte, Lust darauf bekam. Aber wer ein Stückchen davon aß, der mußte sterben. Als der Apfel fertig war, färbte sie sich das Gesicht und verkleidete sich als Bauersfrau, und so ging sie über die sieben Berge zu den sieben Zwergen. Sie klopfte an, Schneewittchen streckte den Kopf zum Fenster hinaus und sprach: „Ich darf keinen Menschen einlassen, die sieben Zwerge haben mir's verboten." „Mir auch recht", antwortete die Bäuerin, „meine Äpfel werde ich schon los. Da, einen will ich dir schenken." „Nein", sprach Schneewittchen, „ich darf nichts annehmen." „Fürchtest du dich vor Gift?" fragte die Alte. „Siehst du, da schneide ich den Apfel in zwei Teile; die rotbackige Häfte ißt du, die weiße will ich essen." Der Apfel war aber so kunstvoll gemacht, daß nur die rote Hälfte vergiftet war. Schneewittchen sah den schönen Apfel begehrlich an, und als es sah, daß die Bäuerin davon aß, konnte es nicht länger widerstehen, streckte die Hand hinaus und nahm die giftige Hälfte. Kaum aber hatte es einen Bissen davon im Mund, fiel es tot zur Erde. Da betrachtete es die Königin mit grausigen Blicken, lachte höhnisch und rief: „Weiß wie Schnee, rot wie Blut, schwarz wie Ebenholz! Diesmal können dich die Zwerge nicht wieder erwecken." Und als sie daheim den Spiegel befragte:

„Spieglein, Spieglein an der Wand,
wer ist die Schönste im ganzen Land?"

Da antwortete er endlich:

„Frau Königin, Ihr seid die Schönste im Land."

Da hatte ihr neidisches Herz Ruhe, so gut ein neidisches Herz Ruhe haben kann.

Als die Zwerglein abends nach Hause kamen, fanden sie Schneewittchen auf der Erde liegen. Es regte sich kein Atem mehr, und es war tot. Sie hoben es auf, suchten, ob sie etwas Giftiges fänden, schnürten es auf, kämmten ihm die Haare, wuschen es mit Wasser und Wein, aber es half alles nichts; das liebe Kind war tot und blieb tot. Sie legten es auf eine Bahre und setzten sich alle sieben daran und beweinten es und weinten drei Tage lang. Da wollten sie es begraben, aber es sah noch so frisch aus wie ein lebender Mensch und hatte noch seine schönen roten Backen. Sie sprachen: „Wir können das Mädchen nicht in die schwarze Erde versenken." Sie ließen einen durchsichtigen Sarg aus Glas machen, daß man es von allen Seiten sehen konnten, legten es hinein und schrieben mit goldenen Buchstaben seinen Namen darauf, und daß es eine Königstochter wäre. Dann trugen sie den Sarg hinaus auf den Berg und einer von ihnen blieb immer dabei und bewachte ihn. Und die Tiere kamen auch und beweinten Schneewittchen, erst eine Eule, dann ein Rabe, zuletzt ein Täubchen.

Nun lag Schneewittchen lange lange Zeit in dem Sarg und verweste nicht, sondern sah aus, als wenn es schliefe, denn es war noch so weiß wie Schnee, so rot wie Blut und so schwarzhaarig wie Ebenholz. Es geschah aber, daß ein Königssohn in den Wald geriet und zu dem Zwergenhaus kam, um dort zu übernachten. Er sah auf dem Berg den Sarg und das schöne Schneewittchen darin und las, was mit goldenen Buchstaben darauf geschrieben war. Da sprach er zu den Zwergen: „Laßt mir den Sarg, ich will euch geben, was ihr dafür haben wollt." Aber die Zwerge antworteten: „Wir geben ihn nicht um alles Gold der Welt." Da bat er: „So schenkt mir ihn, denn ich kann nicht leben, ohne Schneewittchen zu sehen. Ich will es ehren und hochachten wie mein Liebstes." Wie er so sprach, empfanden die guten Zwerglein Mitleid mit ihm

und
gaben ihm
den Sarg. Der
Königssohn ließ ihn nun von seinen Dienern auf den Schultern forttragen. Da geschah es, daß sie über einen Strauch stolperten, und von dem Schütteln fiel das giftige Apfelstück, das Schneewittchen abgebissen hatte, aus ihrem Mund. Und es dauerte nicht lange, da schlug es die Augen auf, richtete sich in die Höhe und war wieder lebendig. „Ach Gott, wo bin ich?“ rief es. Der Königssohn sagte voll Freude: „Du bist bei mir“, und erzählte, was sich zugetragen hatte und sprach: „Ich habe dich lieber als alles auf der Welt; komm mit mir in meines Vaters Schloß, du sollst meine Gemahlin werden.“ Da war ihm Schneewittchen gut und ging mit ihm, und ihre Hochzeit wurde mit großer Pracht und Herrlichkeit vorbereitet. Zu dem Fest wurde aber auch Schneewittchen gottlose Stiefmutter eingeladen. Als sie sich nun mit schönen Kleider geschmückt hatte, trat sie vor den Spiegel und sprach:

„Spieglein, Spieglein an der Wand,
wer ist die Schönste im ganzen Land?“

Der Spiegel antwortete:

„Frau Königin, Ihr seid die Schönste hier,
aber die junge Königin ist tausendmal schöner als Ihr."

Da stieß die böse Frau einen Fluch aus, und es wurde ihr so angst, daß sie sich nicht zu fassen wußte. Sie wollte zuerst gar nicht auf die Hochzeit kommen. Doch ließ es ihr keine Ruhe. Sie mußte fort und die junge Königin sehen. Und wie sie in den Ballsaal trat, erkannte sie Schneewittchen, und vor Angst und Schrecken stand sie da und konnte sich nicht regen. Es waren schon eiserne Pantoffeln auf ein Kohlenfeuer gestellt; die wurden mit Zangen hereingebracht. Da mußte sie die rotglühenden Schuhe anziehen und darin tanzen, daß ihre Füße jämmerlich verbrannten, und sie durfte nicht aufhören zu tanzen, bis sie tot zu Boden fiel.

Dornröschen

Kleine Märchenkunde

Dornröschen *scheint eines der deutschesten Märchen zu sein. Und doch ist es direkt aus Frankreich zu uns gekommen, jedenfalls die Version, die wir von den Brüdern Grimm kennen. Und wie das Märchen von* Schneewittchen *haben sie es dem deutschen und ihrem eigenen Geschmack angepaßt. In Frankreich endet die Geschichte nämlich nicht mit dem Wachküssen der schlafenden Schönen durch den Prinzen und ihrer anschließenden Hochzeit. Vielmehr gehen die beiden eine heimliche Ehe ein, weil der Prinz seine schlimme, menschenfressende Mutter zu sehr fürchtet, um ihr davon zu berichten. Als sie das Geheimnis schließlich doch erfährt, trachtet die böse Schwiegermutter dem unschuldigen Dornröschen und ihren inzwischen geborenen Kindern nach dem Leben. Dabei findet sie aber selbst den Tod: Als sie in ihrer Wut einen Bottich mit Giftgewürm herrichtet, in den sie Dornröschen samt den Kindern hineinstoßen will, kehrt der Sohn unerwartet heim. Daraufhin nimmt sich die böse Mutter das Leben. Aufgezeichnet wurde das Märchen von der Kasselanerin Marie Hassenpflug (1788 – 1856), die damals höchstens 23 Jahre alt war. Sie hatte es als* La Belle au Bois Dormant *in dem Märchenbuch von Charles Perrault (Erstdruck 1697) gelesen. Aber wichtige Züge des Eingangs sind gleichzeitig aus* La Biche au Bois *der Baronin d'Aulnoy von 1698 entlehnt, wo gerade die gefährlichste Fee, in Krebsgestalt, die Geburt des Kindes ankündigt.*

Vor Zeiten lebten ein König und eine Königin, die sprachen jeden Tag: „Ach, wenn wir doch ein Kind hätten!" Aber sie kriegten keins. Da trug es sich zu, als die Königin einmal im Bade saß, daß ein Frosch aus dem Wasser ans Land kroch und zu ihr sprach: „Dein Wunsch wird erfüllt werden, und du wirst eine Tochter zur Welt bringen."

Was der Frosch vorausgesagt hatte, das geschah. Die Königin gebar ein Mädchen, das war so schön, daß der König sich vor Freude nicht zu lassen wußte und ein großes Fest veranstaltete. Er lud nicht bloß seine Verwandten, Freunde und Bekannten, sondern auch die weisen Frauen dazu ein, damit sie dem Kind wohlgesonnen seien. Es waren ihrer dreizehn in seinem Reich. Weil er aber nur zwölf goldene Teller hatte, von welchen sie essen sollten, konnte er eine nicht einladen. Die geladen waren, kamen, und als das Fest vorbei war, beschenkten sie das Kind mit ihren Wundergaben: die eine mit Tugend, die andere mit Schönheit, die dritte mit Reichtum und so mit allem, was man sich Herrliches auf der Welt wünschen kann. Als elfe ihre Wünsche eben ausgesprochen hatten, trat plötzlich die dreizehnte herein. Sie wollte sich dafür rächen, daß sie nicht eingeladen war, und ohne jemand zu grüßen und anzusehen, rief sie mit lauter Stimme: „Die Königstochter soll sich in ihrem fünfzehnten Lebensjahr an einer Spindel stechen und tot hinfallen." Nach diesen Worten kehrte sie sich um und verließ den Saal, und alle waren zu Tode erschrocken. Da trat die zwölfte hervor, die noch ihren Wunsch übrig hatte, und weil sie den bösen Ausspruch nicht aufheben, sondern ihn nur mildern konnte, sprach sie: „Es soll aber kein Tod sein, sondern ein hundertjähriger tiefer Schlaf, in welchen die Königstochter fällt."

Der König, der sein liebes Kind vor dem Unglück gern bewahren wollte, ließ den Befehl erteilen, daß alle Spindeln im ganzen Königreich verbrannt werden sollten. An dem Mädchen aber wurden die Gaben der weisen Frauen sämtlich erfüllt, denn es war so schön, sittsam, freundlich und verständig, daß es jedermann, der es ansah, liebhaben mußte. Es geschah, daß an dem Tage, wo es gerade fünfzehn Jahre alt wurde, der König und die Königin nicht zu Haus waren und das Mädchen ganz allein im Schloß zurückblieb. Da lief es überall herum, besah sich Stuben und Kammern, wie es Lust hatte, und kam endlich auch an einen alten Turm. Es stieg eine enge Treppe hinauf und gelangte zu einer kleinen Türe. In dem Schloß steckte ein verrosteter Schlüssel, und als es ihn umdrehte, sprang die Türe auf. Da saß in einem kleinen Stübchen eine alte Frau und spann emsig ihren Faden. „Guten Tag, du altes Mütterchen", sprach die Königstochter, „was machst du da?" „Ich spinne", sagte die Alte und nickte mit dem Kopf. „Wie das Ding so lustig herumspringt!" rief das Mädchen, nahm die Spindel und wollte auch spinnen. Kaum hatte sie aber die Spindel angerührt, so ging der Zauberspruch in Erfüllung, und sie stach sich damit.

Just in demselben Augenblick aber fiel sie auch schon auf den Boden nieder und in einen tiefen Schlaf. Und dieser Schlaf verbreitete sich über das ganze Schloß. Der König und die Königin, die eben heimgekommen waren, fingen an zu schlafen und der ganze Hofstaat mit ihnen. Da schliefen auch die Pferde im Stall ein, die Hunde im Hof, die Tauben auf dem Dach, die Fliegen an der Wand. Ja, sogar das Feuer, das im Herd flackerte, wurde still und schlief ein, und der Braten hörte auf zu brutzeln. Und der Koch, der den Küchenjungen, weil er frech gewesen war, an den Haaren ziehen wollte, ließ ihn los und schlief. Und der Wind legte sich, und auf dem Baum vor dem Schloß regte sich kein Blättchen mehr.

Rings um das Schloß aber begann eine Dornenhecke zu wachsen, die jedes Jahr höher wurde und endlich das ganze Schloß umrankte und darüber hinauswuchs, daß gar nichts mehr, selbst nicht die Fahnen auf den Dächern, zu sehen war. Es ging aber die Sage um im ganzen Land von dem schönen schlafenden Dornröschen, denn so wurde die Königstochter genannt.

Viele Königssöhne kamen, die durch die Hecke in das Schloß eindringen wollten. Es war ihnen aber nicht möglich, denn die Äste hielten so fest zusammen, als hätten sie Hände, und die Jünglinge blieben in den Dornen hängen und starben jämmerlich. Nach langen langen Jahren kam wieder ein Königssohn durch das Land. Dem erzählte ein alter Mann von der Dornhecke. Es solle ein

Schloß dahinter stehen, in welchem eine wunderschöne Königstochter, Dornröschen genannt, schliefe, und mit ihr schliefe der ganze Hofstaat. Er wußte auch von seinem Großvater, daß viele Königssöhne schon versucht hätten, durch die Dornenhecke zu dringen, aber darin hängen geblieben und eines traurigen Todes gestorben wären. Da sprach der Jüngling: „Das soll mich nicht abschrecken. Ich will hindurch und das schöne Dornröschen sehen." Der Alte mochte ihm abraten, wie er wollte. Der Prinz hörte gar nicht darauf. Nun waren aber gerade an jenem Tag, als der Königssohn kam, die hundert Jahre verflossen. Und als er sich der Dornenhecke näherte, war sie aus lauter großen schönen Blumen. Die wichen von selbst auseinander, so daß er unbeschädigt hindurch gelangen konnte, und hinter ihm schlossen sie sich wieder zu einer Hecke zusammen. Er kam ins Schloß. Da lagen im Hof die Pferde und scheckigen Jagdhunde und schliefen. Auf dem Dache saßen die Tauben und hatten das Köpfchen unter den Flügel gesteckt. Und als er ins Haus kam, schliefen die Fliegen an der Wand. Der Koch in der Küche hielt noch die Hand, als wollte er den Jungen anpacken; und die Magd saß vor dem schwarzen Huhn, das gerupft werden sollte. Da ging er weiter und sah im Saale den ganzen Hofstaat liegen und schlafen, und oben auf dem Thron lagen der König und die Königin. Da ging er noch weiter, und alles war so still, daß man seinen Atem hören konnte. Und endlich kam er zu dem Turm und öffnete die

Türe zu der kleine Stube, in welcher Dornröschen schlief. Da lag es und war so schön, daß er seine Augen nicht abwenden konnte, und er bückte sich und gab ihm einen Kuß.

Als er es geküßt hatte, schlug Dornröschen die Augen auf, erwachte und blickte ihn ganz freundlich an. Dann gingen sie zusammen die Treppe hinab, und der König erwachte und die Königin und der ganze Hofstaat, und sie sahen einander mit großen Augen an. Und die Pferde im Hof standen auf und rüttelten sich, die Jagdhunde sprangen auf und wedelten, die Tauben auf dem Dache zogen das Köpfchen unter dem Flügel hervor, sahen umher und flogen ins Feld. Die Fliegen an den Wänden krochen weiter, das Feuer in der Küche erhob sich, flackerte und kochte das Essen; der Braten brutzelte weiter, und der Koch gab dem Jungen eine Ohrfeige, daß er schrie, und die Magd rupfte das Huhn fertig. Und da wurde die Hochzeit des Königssohns mit dem Dornröschen in aller Pracht gefeiert, und sie lebten vergnügt bis an ihr Ende.

Schneeweißchen und Rosenrot

Kleine Märchenkunde

Schneeweißchen und Rosenrot *ist eigentlich eher ein von Wilhelm Grimm gestaltetes Märchen und keine ursprüngliche mündliche Volkserzählung. „Das Märchen von dem undankbaren Zwerg ... habe ich benutzt, aber nach meiner Weise erzählt. Der Spruch ‚Schneeweißchen, Rosenroth,/schlägst dir den Freier todt', der aus einem Volkslied genommen ist, findet sich in einer Erzählung von Kind in dem Taschenbuch Minerva für das Jahr 1813 und mag sich auf das Märchen beziehen. Hier herrscht die boshafte Natur des Zwergs vor, und der Bär scheint an ihm Rache zu nehmen für die Verwandlung in das Thier." Die einzelnen Teile der Geschichte sind anderen Erzählungen entnommen. So der Stoff vom Bärenbräutigam, die Begegnung von Menschen mit Wesen der jenseitigen Welt, hier dem Zwerg, und die Erlösung des Bären von seiner Verwünschung durch menschliche Hilfe und Tapferkeit.*

Schneeweißchen und Rosenrot *ist eindeutig eine Erzählung, die Kinder zu Hilfsbereitschaft, Güte und Gehorsam anleiten soll — nach unserem heutigen Geschmack vielleicht ein wenig zu dick aufgetragen. Aber das entsprach der erzieherischen Vorstellung der kleinbürgerlichen Welt des Biedermeier, in der die Geschichte entstanden ist. Sehen wir darüber hinweg, kann der Stoff heute noch jedes Kind fesseln: Welches kleine Mädchen wünscht sich nicht einen großen wuscheligen, ganz harmlosen Bären zum Zausen und Herumbalgen, der sich zu alledem noch als Prinz entpuppt und geheiratet werden darf?*

Eine arme Witwe lebte einmal in einer kleinen einsamen Hütte. Vor der Hütte lag ein Garten, in dem zwei Rosenbäumchen standen. Davon trug das eine weiße, das andere rote Rosen. Die Frau hatte zwei Kinder, die den beiden Rosenbäumchen so sehr glichen, daß das eine Schneeweißchen und das andere Rosenrot hieß.

Diese waren so fromm und gut, so fleißig und vergnügt, wie es noch nie zwei Kinder auf der Welt gewesen sind. Schneeweißchen war nur stiller und sanfter als Rosenrot. Rosenrot sprang lieber in den Wiesen und Feldern umher, suchte Blumen und fing Schmetterlinge. Schneeweißchen dagegen saß daheim bei der Mutter, half ihr im Haushalt oder las ihr vor, wenn nichts zu tun war. Die beiden Kinder hatten einander so lieb, daß sie sich immer an den Händen hielten, so oft sie zusammen ausgingen. Und wenn Schneeweißchen sagte: „Wir wollen uns nicht verlassen", so antwortete Rosenrot: „So lange wir leben, nicht", und die Mutter setzte hinzu: „Was das eine hat, soll es mit dem anderen teilen".

Oft liefen die zwei ganz allein im Wald umher und sammelten rote Beeren, aber kein Tier tat ihnen etwas zuleid, sondern sie kamen zutraulich herbei. Das Häschen fraß ein Kohlblatt aus ihren Händen, das Reh graste an ihrer Seite, der Hirsch sprang ganz lustig vorbei, und die Vögel blieben auf den Ästen sitzen und sangen, was sie nur wußten. Nie widerfuhr ihnen etwas Böses. Wenn sie sich im Walde verspätet hatten und die Nacht sie überfiel, legten sie sich nebeneinander auf das Moos und schliefen, bis der Morgen kam. Die Mutter wußte das und machte sich darum keine Sorgen. Einmal, als sie im Walde übernachtet hatten und das Morgenrot sie weckte, sahen sie eine schöne Gestalt in einem weißen glänzenden Kleid neben ihrem Lager sitzen. Die stand auf, blickte sie ganz freundlich an, sprach aber nichts und ging in den Wald hinein. Und als sie sich umsahen, hatten sie ganz nahe an einem Abgrund geschlafen und wären gewiß hinabgefallen, wenn sie in der Dunkelheit noch ein paar Schritte weitergegangen wären. Sie liefen schnell heim und erzählten der Mutter davon, die ihnen sagte, das müßte der Schutzengel gewesen sein, der alle guten Kinder bewache.

Schneeweißchen und Rosenrot hielten die Hütte der Mutter so rein, daß es eine Freude war hineinzuschauen. Im Sommer besorgte Rosenrot das Haus und stellte der Mutter jeden Morgen, ehe diese aufwachte, einen Blumenstrauß ans Bett, mit einer roten und einer weißen Rose, von jedem Bäumchen eine. Im Winter zündete Schneeweißchen das Feuer an und hing den Kessel an den Feuerhaken. Der Kessel war aus Messing, glänzte aber wie Gold, so rein war er gescheuert. Abends, wenn die Flocken fielen, sagte die Mutter: „Geh, Schnee-

weißchen, und schieb den Riegel vor." Dann setzten sie sich an den Herd, die Mutter nahm die Brille und las aus einem großen Buch vor, und die beiden Mädchen hörten zu und spannen. Neben ihnen lag ein Lämmchen auf dem Boden, und hinter ihnen auf einer Stange saß ein weißes Täubchen und hatte seinen Kopf unter den Flügel gesteckt.

Eines Abends, als sie wieder so vertraulich beisammen saßen, klopfte jemand an die Türe, als wollte er eingelassen werden. Die Mutter sprach: „Geschwind, Rosenrot, mach auf! Es wird ein Wanderer sein, der Obdach sucht." Rosenrot ging, schob den Riegel zurück, denn es dachte, da stände ein armer Mann. Es war aber ein großer Bär, der seinen dicken schwarzen Kopf zur Türe hereinstreckte. Rosenrot schrie laut auf und sprang zurück, das Lämmchen blökte, das Täubchen flatterte auf, und Schneeweißchen versteckte sich hinter dem Bett der Mutter. Da fing der Bär an zu sprechen und sagte: „Fürchtet euch nicht, ich tue euch nichts zuleid. Ich bin halb erfroren und will mich nur ein wenig bei euch wärmen." „Du armer Bär", sprach die Mutter, „leg dich ans Feuer, gib aber acht, daß dir dein Pelz nicht anbrennt." Dann rief sie: „Schneeweißchen, Rosenrot, kommt hervor! Der Bär tut euch nichts; er meint es ehrlich." Da kamen sie beide heran, und nach und nach näherten sich auch das Lämmchen und Täubchen und hatten keine Furcht mehr vor ihm. Der Bär sprach: „Ihr Kinder, klopft mir den Schnee ein wenig aus dem Pelz!" Da holten sie einen Besen und kehrten dem Bären das Fell rein. Der streckte sich wohlig am warmen Feuer aus und brummte ganz vergnügt und behaglich. Nicht lange, so wurden sie ganz vertraut und trieben ihre Späße mit dem unbeholfenen Gast. Sie zausten ihm das Fell mit den Händen, setzten ihre Füßchen auf seinen Rücken und rollten ihn hin und her, oder sie nahmen eine Haselrute und neckten ihn damit. Und wenn er dann brummte, lachten sie. Der Bär ließ es sich aber gerne gefallen; nur wenn sie es gar zu arg mit ihm trieben, rief er: „Laßt mich am Leben, ihr Kinder:

Schneeweißchen, Rosenrot,
schlagt euch den Freier tot!"

Als Schlafenszeit war und die andern zu Bett gingen, sagte die Mutter zu dem Bären: „Du kannst in Gottes Namen hier am Herde liegen bleiben. Da bist du vor der Kälte und dem bösen Wetter geschützt." Sobald der Tag graute, ließen ihn die beiden Kinder hinaus, und er trabte über den Schnee in den Wald hinein. Von nun an kam der Bär jeden Abend zu der gleichen Stunde, legte sich an den Herd und erlaubte den Kindern, Kurzweil mit ihm zu treiben, so viel sie wollten. Bald waren sie so an ihn gewöhnt, daß sie die Türe nicht eher zuriegelten, als bis der schwarze Geselle angelangt war.

Als das Frühjahr herangekommen und draußen alles grün war, sagte der Bär eines Morgens zu Schneeweißchen: „Nun muß ich fort und kann den ganzen Sommer nicht wiederkommen." „Wo gehst du denn hin, lieber Bär?" fragte Schneeweißchen. „Ich muß in den Wald und meine Schätze vor den bösen Zwergen hüten. Im Winter, wenn der Boden hart gefroren ist, sind sie unten in ihren Erdhöhlen gefangen und können sich nicht nach oben durchgraben. Jetzt aber, wo die Sonne die Erde aufgetaut und erwärmt hat, können sie wieder heraufsteigen und stehlen. Und was einmal in ihren Händen ist und in ihren Höhlen liegt, kommt so leicht nicht wieder an das Tageslicht." Schneeweißchen war ganz traurig über den Abschied. Und als es dem Bären die Türe aufriegelte, um ihn hinauszulassen, blieb er an dem Türhaken hängen. Dabei riß er sich ein wenig den Pelz auf, und es schien Schneeweißchen, als schimmere etwas Goldenes durch den Schlitz. Aber es war sich seiner Sache nicht ganz sicher. Der Bär lief eilig fort und war bald hinter den Bäumen verschwunden.

Nach einiger Zeit schickte die Mutter die Kinder in den Wald, um Reisig zu sammeln. Da sahen sie an einer Lichtung einen großen Baum gefällt am Boden liegen, und an dem Stamme sprang zwischen dem Gras etwas auf und ab. Sie konnten aber nicht erkennen, was es war. Als sie näher kamen, sahen sie einen Zwerg mit einem alten verwelkten Gesicht und einem ellenlangen schneeweißen Bart. Das Ende des Bartes war in einer Baumspalte eingeklemmt, und der Kleine sprang hin und her wie ein Hündchen an einer Leine und wußte nicht, wie er sich helfen sollte. Er glotzte die Mädchen mit seinen roten feurigen Augen an und schrie: „Was steht ihr da! Könnt ihr nicht herkommen und mir Beistand leisten?" „Was hast du angestellt, kleines Männchen?" fragte Rosenrot. „Dumme neugierige Gans", antwortete der Zwerg, „den Baum habe ich mir spalten wollen, um kleines Holz in der Küche zu haben; bei den dicken Klötzen verbrennt gleich das bißchen Speise, das unsereiner braucht, der nicht so viel hinunterschlingt wie ihr grobes, gieriges Volk. Fast wäre auch alles nach Wunsch gegangen, aber dann hat sich mein schöner weißer Bart so fest in einer Baumritze eingeklemmt, daß ich ihn nicht mehr herausziehen kann. Nun steckt er drin, und ich kann nicht fort. Lacht nicht, ihr albernen glatten Milch-

gesichter! Pfui, wie garstig ihr seid!" Die Kinder gaben sich alle Mühe, aber sie konnten den Bart nicht aus dem Holz herausziehen. Er steckte zu fest. „Ich will laufen und Leute herbeiholen", sagte Rosenrot. „Wahnsinnige Schafsköpfe", schnarrte der Zwerg, „wer wird gleich Leute herbeirufen, ihr zwei seid mir schon zu viel! Fällt euch nichts Besseres ein?" „Sei nur nicht ungeduldig", sagte Schneeweißchen, „ich werde schon einen Ausweg finden", holte sein Scherchen aus der Tasche und schnitt das Ende des Bartes ab. Sobald der Zwerg sich frei fühlte, griff er nach einem Sack, der zwischen den Wurzeln des Baumes versteckt lag und mit Gold gefüllt war, hob ihn hoch und brummte vor sich hin: „Ungehobeltes Volk! Schneidet mir ein Stück von meinem stolzen Bart ab! Der Kuckuck soll euch holen!" Mit diesen Worten schwang er seinen Sack auf den Rücken und ging fort, ohne die Kinder noch einmal anzusehen.

Einige Zeit danach wollten Schneeweißchen und Rosenrot ein Gericht Fische angeln. Als sie in die Nähe des Baches kamen, sahen sie, daß etwas, das wie eine Heuschrecke aussah, auf das Wasser zuhüpfte, als wollte es hineinspringen. Sie liefen herbei und erkannten den Zwerg. „Wo willst du hin?" fragte Rosenrot, „du willst doch nicht ins Wasser?" „So ein Narr bin ich nicht", schrie der Zwerg. „Seht ihr nicht, das mich der verwünschte Fisch in die Tiefe ziehen will?" Der Zwerg hatte da gesessen und geangelt, aber unglücklicherweise hatte der Wind seinen Bart mit der Angelschnur verflochten. Als gleich darauf ein großer Fisch anbiß, fehlten dem schwachen Geschöpf die Kräfte, ihn herauszuziehen. Der Fisch war stärker und riß den Zwerg zu sich hin. Der hielt sich zwar an allen Halmen und Binsen fest, aber es half ihm nicht viel. Er mußte den Bewegungen des Fisches folgen und war in ständiger Gefahr, ins Wasser gezogen zu werden. Die Mädchen kamen gerade noch zur rechten Zeit, hielten ihn fest und versuchten, den Bart von der Schnur zu lösen, aber vergebens, Bart und Schnur waren zu fest ineinander verwirrt. Es blieb nichts anderes übrig, als wiederum das Scherchen hervorzuholen und den Bart abzuschneiden. Der Zwerg war gerettet, sein Bart aber um ein Stückchen kürzer. Da schrie der Zwerg die Mädchen an: „Ist das eine Manier, ihr Rotznasen, mir mein Gesicht so zu verschandeln! Nicht genug, daß ihr mir den Bart unten abgestutzt habt, jetzt schneidet ihr mir den schönsten Teil auch noch fort. Ich kann mich unter meinesgleichen nicht mehr blicken lassen. Geht mir aus den Augen." Dann holte er einen Sack Perlen, der im Schilf lag, und ohne ein weiteres Wort zu sagen, schleppte er ihn fort und verschwand hinter einem Stein.

Es trug sich zu, daß bald darauf die Mutter die beiden Mädchen in die Stadt schickte, Zwirn, Nadeln, Schnüre und Bänder einzukaufen. Der Weg führte sie

über eine Heide, auf der hier und da mächtige Felsbrocken verstreut lagen. Da sahen sie einen großen Vogel in der Luft schweben, der langsam über ihnen kreiste, sich immer tiefer herabsenkte und endlich nicht weit bei einem Felsen niederstieß. Gleich darauf hörten sie einen durchdringenden, jämmerlichen Schrei. Sie liefen herbei und sahen mit Schrecken, daß der Adler ihren alten Bekannten, den Zwerg, gepackt hatte und ihn forttragen wollte. Die mitleidigen Kinder hielten gleich das Männchen fest und zerrten so lange, bis der Adler seine Beute fallenließ. Als der Zwerg sich von dem ersten Schrecken erholt hatte, schrie er mit seiner kreischenden Stimme: „Konntet ihr nicht vorsichtiger mit mir umgehen? Gerissen habt ihr

ihr an meinem dünnen Röckchen, daß es überall zerfetzt und durchlöchert ist. Rohes und unbeholfenes Gesindel seid ihr!" Dann nahm er einen Sack mit Edelsteinen und schlüpfte wieder unter den Felsen in seine Höhle. Die Mädchen waren an seinen Undank schon gewöhnt, setzten ihren Weg fort und verrichteten ihr Geschäft in der Stadt. Als sie auf dem Heimweg wieder über die Heide kamen, überraschten sie den Zwerg, der auf einem sauberen Plätzchen seinen Sack mit Edelsteinen ausgeschüttet und nicht gedacht hatte, daß so spät noch jemand vorbeikommen würde. Die Abendsonne schien auf die glänzenden Steine und ließ sie so prächtig in allen Farben schimmern und leuchten, daß die Kinder stehen blieben und sie betrachteten. „Was steht ihr da und glotzt!" schrie der Zwerg, und sein aschgraues Gesicht lief krebsrot an vor Zorn. Er wollte mit seinen Scheltworten fortfahren, als ein lautes Brummen ertönte und ein schwarzer Bär aus dem Walde herbeitrabte. Erschrocken sprang der Zwerg auf, aber er konnte nicht mehr zu seinem Schlupfwinkel gelangen. Der Bär war schon in seiner Nähe. Da rief der Zwerg in seiner Herzensangst: „Lieber Herr Bär, verschont mich, ich will Euch all meine Schätze geben. Seht nur die schönen Edelsteine, die da liegen. Schenkt mir das Leben, was habt Ihr schon an mir kleinem schmächtigem Kerl? Ihr spürt mich nicht einmal zwischen den Zähnen. Da, packt die beiden gottlosen Mädchen! Das sind für Euch zarte Bissen, fett wie junge Wachteln! Die freßt in Gottes Namen!" Aber der Bär kümmerte sich nicht um seine Worte, gab dem boshaften Geschöpf einen einzigen Schlag mit der Tatze, und es regte sich nicht mehr.

Die Mädchen waren fortgesprungen, aber der Bär rief ihnen nach: „Schneeweißchen und Rosenrot, fürchtet euch nicht, wartet, ich will mit euch gehen." Da erkannten sie seine Stimme und blieben stehen. Und als der Bär bei ihnen war, fiel plötzlich die Bärenhaut von ihm ab, und vor ihnen stand ein schöner junger Mann, der ganz in Gold gekleidet war. „Ich bin ein Königssohn", sprach er. „Der habgierige Zwerg hatte mir all meine Schätze gestohlen und mich verwünscht, so lange als wilder Bär im Walde herumzulaufen, bis ich durch seinen Tod erlöst würde. Jetzt hat er seine wohlverdiente Strafe erhalten."

Schneeweißchen wurde die Frau des Prinzen, und sein Bruder vermählte sich mit Rosenrot, und sie teilten die großen Schätze miteinander, die der Zwerg in seiner Höhle zusammengetragen hatte. Die alte Mutter lebte noch lange Jahre ruhig und glücklich bei ihren Kindern auf dem Königsschloß. Die zwei Rosenbäumchen aber nahm sie mit, und sie standen vor ihrem Fenster und trugen jedes Jahr die schönsten Rosen, weiß und rot.

Frau Holle

Kleine Märchenkunde

Wer hat nicht schon einmal gedacht, wenn dicke Schneeflocken vom Himmel schweben, daß Frau Holle ihre Betten aufschüttelt? So sehr hat dieses bekannte Märchen unsere Vorstellungswelt geprägt. Es ist sowohl in der Sammlung Grimm als auch bei Bechstein zu finden. Kinder in ganz Europa, in Asien und Amerika kennen die Geschichte von der Goldmarie und der Pechmarie, die dort früher überall mündlich weitergegeben und nicht nur aus Büchern vorgelesen wurde.

Wer Frau Holle eigentlich ist, darüber haben sich viele Forscher den Kopf zerbrochen, aber so recht gelüftet hat ihr Geheimnis noch niemand. Für uns ist sie eine eher gemütliche, wohlmeinende Gestalt, in anderen Ländern dagegen hexenähnlich und gefährlich.

Frau Holle *ist ein typisches Märchen, über einen guten und einen schlechten Menschen, die von zu Hause wegziehen, in die „Anderwelt" (hier durch einen Sprung in den Brunnen) gelangen, dort ihr Glück finden oder aber von einer gerechten Strafe ereilt werden und am Ende wieder zu ihrem Ausgangspunkt zurückkehren.*

In der ersten Auflage der Grimmschen Märchen von 1812 wurde die Geschichte so erzählt, wie sie von Dortchen Wild aus Kassel aufgezeichnet worden war. Von der Zweitauflage an (1819) bereicherten die Brüder Grimm sie um einzelne Motive einer anderen Fassung, zum Beispiel die Begrüßung durch die Raben. Die Brüder bemerkten zu dem Märchen, daß man „fast in ganz Hessen und Thüringen von Frau Holle zu erzählen weiß."

Eine Witwe hatte zwei Töchter. Davon war die eine schön und fleißig, die andere häßlich und faul. Sie hatte aber die häßliche und faule viel lieber, denn sie war ihre richtige Tochter. Die andere mußte alle Arbeit tun und das Aschenputtel im Hause sein. Das arme Mädchen mußte sich täglich hinaus neben die große Straße an einen Brunnen setzen und so viel spinnen, daß ihm das Blut aus den Fingern tropfte. Nun trug es sich zu, daß die Spule einmal ganz blutig war. Da beugte es sich über den Brunnenrand, um sie abzuwaschen. Dabei glitt sie ihm aber aus der Hand und fiel in das tiefe Wasser. Da lief das Mädchen weinend zur Stiefmutter und erzählte ihr das Unglück. Die schimpfte heftig und sagte unbarmherzig: „Du hast die Spule hinunterfallen lassen, nun hol' sie auch wieder herauf."

Da ging das Mädchen zu dem Brunnen zurück und wußte nicht, was es anfangen sollte. In seiner großen Angst sprang es in den Brunnen hinein, um die Spule zu holen. Als es erwachte und wieder zu sich selber kam, stand es auf einer schönen Wiese. Die Sonne schien warm, und es blühten viele tausend Blumen. Auf der Wiese ging es dahin und kam zu einem Backofen, der war voller Brot; das Brot aber rief: „Ach, zieh' mich raus, zieh' mich raus, sonst verbrenn' ich! Ich bin schon längst ausgebacken!" Da trat das fleißige Mädchen heran und holte alle Brote heraus. Danach ging es weiter und kam zu einem Baum, der voller Äpfel hing. Der rief ihm zu: „Ach, schüttel mich, schüttel mich, meine Äpfel sind alle schon lange reif!" Da schüttelte es den Baum, daß die Äpfel herunterfielen, als regneten sie, und es schüttelte, bis keiner mehr oben war. Dann ging es wieder weiter und kam endlich nach einem weiten Weg zu einem kleinen Haus, aus dem eine alte Frau herausschaute. Weil sie aber so große Zähne hatte, bekam das Mädchen Angst und wollte schnell fortlaufen. Die alte Frau aber rief ihm nach: „Fürchte dich nicht, liebes Kind, bleib bei mir! Wenn du alle Arbeit im Hause ordentlich tun willst, so soll es dir gut gehn; nur mußt du achtgeben, daß du mein Bett gut machst, und es immer fleißig aufschüttelst, daß die Federn fliegen, denn dann schneit es in der Welt. Ich bin nämlich die Frau Holle."

Weil die Alte ihm so gut zusprach, willigte das Mädchen ein und trat in ihren Dienst. Es besorgte auch alles zu ihrer Zufriedenheit und schüttelte ihr das Bett immer tüchtig auf. Dafür hatte es auch ein gutes Leben bei ihr, bekam keine bösen Worte zu hören und alle Tage Gesottenes und Gebratenes zu essen. Als es nun eine Zeitlang bei der Frau Holle gewesen war, wurde ihm ganz traurig um das Herz; denn obgleich es hier vieltausendmal besser war als zu Hause, so hatte es doch großes Heimweh. Endlich sagte es zu der Frau Holle: „Ich habe große Sehnsucht nach Hause bekommen, und wenn es mir auch noch so gut hier geht, so kann ich doch nicht länger bleiben." Die Frau Holle sagte: „Es gefällt mir, daß du wieder nach Hause möchtest, und weil du mir so treu gedient hast, will ich dich selbst wieder hinaufbringen." Sie nahm es darauf bei der Hand und führte es vor ein großes Tor. Das Tor öffnete sich, und als das Mädchen gerade darunterstand, fiel ein gewaltiger Goldregen herab, und alles Gold blieb an ihm hängen, so daß es über und über davon bedeckt war. „Das sollst du haben, weil du so fleißig gewesen bist", sprach die Frau Holle und gab ihm auch die Spule zurück, die ihm in den Brunnen gefallen war. Darauf schloß sich das Tor, und das Mädchen befand sich wieder oben auf der Welt, nicht weit vom Haus seiner Mutter. Und als es in den Hof kam, saß der Hahn auf dem Brunnen und rief:

„Kikeriki,
unsere goldene Jungfrau ist wieder hie."

Da ging es hinein zu seiner Mutter, und weil es so mit Gold bedeckt ankam, wurde es gut aufgenommen.

Als die Mutter hörte, wie es zu dem Reichtum gekommen war, wollte sie der eigenen häßlichen und faulen Tochter gerne dasselbe Glück verschaffen. Diese mußte sich auch an den Brunnen setzen und spinnen; und damit ihre Spule blutig wurde, stach sie sich in die Finger und zerstieß sich die Hand an einer Dornenhecke. Dann warf sie die Spule in den Brunnen und sprang selber hinterdrein. Sie kam, wie die andere, auf die schöne Wiese und ging auf demselben Pfad weiter. Als sie zu dem Backofen gelangte, schrie das Brot wieder: „Ach, zieh' mich raus, zieh' mich raus, sonst verbrenn' ich; ich bin schon längst ausgebacken!" Die Faule aber antwortete: „Ich habe keine Lust, mich schmutzig zu machen", und ging weiter. Bald kam sie zu dem Apfelbaum, der rief: „Ach, schüttel mich, schüttel mich, meine Äpfel sind alle schon lange reif." Sie antwortete aber: „Du kommst mir recht! Es könnte mir einer auf den Kopf fallen!" Damit ging sie weiter. Als sie vor Frau Holles Haus kam, fürchtete sie sich nicht, weil sie von ihren großen Zähnen schon gehört hatte und verdingte sich gleich als Magd. Am ersten Tag tat sie sich noch Zwang an, war fleißig und folgte der Frau Holle, wenn sie ihr etwas sagte, denn sie dachte an das viele Gold, das sie ihr schenken würde. Am zweiten Tag aber fing sie schon an zu faulenzen und am dritten noch mehr. Da wollte sie morgens gar nicht aufstehen. Sie machte auch der Frau Holle das Bett schlecht und schüttelte es nicht so, daß die Federn aufflogen. Das wurde der Frau Holle bald zu viel, und sie kündigte der Faulen den Dienst. Die war es wohl zufrieden und meinte, nun würde der Goldregen kommen. Die Frau Holle führte sie auch zu dem Tor. Als sie aber darunterstand, wurde statt des Goldes ein großer Kessel voll schwarzem Pech ausgeschüttet. „Das ist zur Belohnung deiner Dienste", sagte die Frau Holle und schloß das Tor zu. Da kam die Faule ganz mit Pech bedeckt heim. Der Hahn auf dem Brunnen aber rief, als er sie sah:

„Kikeriki,
unsere schmutzige Jungfrau ist wieder hie!"

Das Pech aber wollte, so lange sie lebte, nicht abgehen und blieb fest an ihr hängen.

Das tapfere Schneiderlein

Kleine Märchenkunde

Nicht alle Erzählungen, die von den Brüdern Grimm in ihre Sammlung aufgenommen wurden, sind im eigentlichen Sinn „Märchen". Mit diesem Begriff sollten eigentlich nur jene Geschichten bezeichnet werden, in denen Zauberei oder Zauberdinge eine Rolle spielen und in denen Held oder Heldin Gestalten aus einer anderen Welt begegnen oder auch sprechenden, hilfreichen Tieren, ohne sich darüber zu wundern. Die Wissenschaft nennt derartige Erzählungen „Zaubermärchen". Die ursprüngliche Handschrift der Geschichte von 1810 war eine recht wortgetreue Abschrift Wilhelm Grimms aus dem Wegkurier *des Martin Montanus (um 1557). Ein Hinweis auf den veralteten Wortgebrauch der Vorlage von Achim von Arnim veranlaßte die Brüder Grimm zur Umarbeitung unter Einbeziehung zweier hessischer Texte. Unter den Grimmschen Märchen finden wir auch Sagen, Legenden, Fabeln und Schwänke: Das sind lustige Geschichten, Vorfahren des heutigen Witzes, über deren Pointen und amüsante Begebenheiten gelacht werden kann. Um einen solchen Schwank, ein Schwankmärchen, um genau zu sein, handelt es sich bei der Geschichte vom* Tapferen Schneiderlein, *dem es allein aufgrund seiner Intelligenz immer wieder gelingt, die körperlich überlegenen, aber dummen Gegner nach Strich und Faden hereinzulegen. Das zeigt: Nicht nur Muskelpakete spielen im Leben eine Rolle, sondern oft kommt es auf Pfiffigkeit und unerschrockenes, geistesgegenwärtiges Handeln an.*

An einem Sommermorgen saß ein Schneiderlein auf seinem Tisch am Fenster, war guter Dinge und nähte aus Leibeskräften. Da kam eine Bauersfrau die Straße herunter und rief: „Gutes Mus zu verkaufen! Leckeres Pflaumenmus!" Das klang dem Schneiderlein lieblich in den Ohren. Er steckte seinen Kopf zum Fenster hinaus und rief: „Hier herauf, liebe Frau, hier werden Sie Ihre Ware los." Die Frau stieg die drei Treppen mit ihrem schweren Korb zu dem Schneider hinauf und mußte sämtliche Töpfe vor ihm auspacken. Er besah sie alle, hob sie in die Höhe, hielt die Nase dran und sagte endlich: „Das Mus scheint mir gut, wiegen Sie mir doch vier Lot davon ab, liebe Frau. Und wenn es ein Viertelpfund ist, soll es mir auch nicht darauf ankommen."

Die Frau, welche gehofft hatte, einen guten Absatz zu finden, gab ihm, was er verlangte, ging aber ganz ärgerlich und brummig fort. „Nun, das Mus soll mir Gott segnen", rief das Schneiderlein, „und mir Kraft und Stärke geben", holte das Brot aus dem Schrank, schnitt sich eine große Scheibe davon ab und strich das Mus darauf. „Das wird nicht bitter schmecken", sprach er, „aber erst will ich die Jacke fertignähen, ehe ich abbeiße." Er legte das Brot neben sich, nähte weiter und machte vor Freude immer größere Stiche. Indessen stieg der Geruch von dem süßen Mus die Wand hinauf, wo die Fliegen in großer Menge saßen, so daß sie angelockt wurden und sich scharenweise auf dem Brot niederließen. „Ei, wer hat euch eingeladen?" sprach das Schneiderlein und jagte die ungebetenen Gäste fort. Die Fliegen aber, die kein Deutsch verstanden, ließen sich nicht abweisen, sondern kamen in immer größerer Gesellschaft wieder. Da lief dem Schneiderlein endlich, wie man sagt, die Laus über die Leber, es langte von seinem Platz aus nach einem Lappen und rief: „Wart, ich will es euch geben!" und schlug umbarmherzig zu. Als er das Tuch fortzog und zählte, so lagen nicht weniger als sieben Fliegen tot vor ihm und streckten die Beine. „Bist du so ein Kerl?" sprach er und mußte selbst seine Tapferkeit bewundern. „Das soll die ganze Stadt erfahren!" Und in aller Hast schnitt sich das Schneiderlein einen Gürtel, nähte ihn und stickte mit großen Buchstaben darauf: „Sieben auf einen Streich!" „Ei, warum nur die Stadt!" dachte er weiter, „Die ganze Welt soll es erfahren!" und sein Herz wackelte vor Freude wie ein Lämmerschwänzchen.

Der Schneider band sich den Gürtel um den Leib und wollte in die Welt hinaus, weil er meinte, die Werkstätte sei zu klein für seine Tapferkeit. Ehe er fortzog, suchte er im Haus herum, ob nichts da wäre, was er mitnehmen könnte. Er fand aber nur einen alten Käse, den er einsteckte. Vor dem Tor bemerkte er einen Vogel, der sich im Gesträuch verfangen hatte. Den tat er zu dem Käse in die Tasche. Nun schritt er tapfer seines Weges, und weil er leicht und behende

war, fühlte er keine Müdigkeit. Der Weg führte ihn auf einen Berg, und als er den höchsten Gipfel erreicht hatte, saß da ein gewaltiger Riese und schaute sich ganz gemächlich um. Das Schneiderlein ging beherzt auf ihn zu, redete ihn an und sprach: „Guten Tag, Kamerad, gelt, du sitzt hier und besiehst dir die große weite Welt? Ich bin eben auf dem Wege dahin und will mein Glück versuchen. Hast du Lust mitzugehen?" Der Riese sah den Schneider verächtlich an und sprach: „Du miserabler Kerl!" Da knöpfte das Schneiderlein seinen Rock auf, zeigte dem Riesen den Gürtel und sagte: „Sieh her, da kannst du lesen, was ich für ein Mann bin!" Der Riese las: „Sieben auf einen Streich", meinte, das wären Menschen gewesen, die der Schneider erschlagen hätte, und kriegte ein wenig Respekt vor dem kleinen Kerl. Doch wollte er ihn zuerst prüfen, nahm einen Stein in die Hand und drückte ihn so fest zusammen, daß das Wasser heraustropfte. „Das mach mir nach", sprach der Riese, „wenn du du Kraft hast." „Wenn es weiter nichts ist!" rief das Schneiderlein, „Das ist für mich ein Kinderspiel", griff in die Tasche, holte den weichen Käse hervor und drückte ihn, daß der Saft herauslief. „Gelt", sprach er, „das war ein wenig besser?" Der Riese wußte nicht, was er sagen sollte, und konnte es von dem Männlein nicht glauben. Da hob der Riese einen Stein auf und warf ihn so hoch, daß man ihn mit Augen kaum noch sehen konnte: „Nun, du Dreikäsehoch, das mach mir nach!" „Gut geworfen", sagte der Schneider, „aber der Stein ist doch wieder auf die Erde herabgefallen. Ich werde dir einen hinauf bis in den Himmel werfen, der wird gar nicht wiederkommen", griff in die Tasche, nahm den Vogel und warf ihn in die Luft. Der Vogel, froh über seine Freiheit, stieg auf, flog fort und kam nicht wieder. „Wie gefällt dir dieses Stückchen, Kamerad?" fragte der Schneider. „Werfen kannst du gut", sagte der Riese, „aber nun wollen wir sehen, ob du im Stande bist, etwas Ordentliches zu tragen." Er führte das Schneiderlein zu einem mächtigen Eichenbaum, der gefällt auf dem Boden lag, und sagte: „Wenn du stark genug bist, so hilf mir, den Baum aus dem Wald hinauszutragen." „Gerne", antwortete der kleine Mann, „nimm du nur den Stamm auf deine Schulter, ich will die Äste mit dem Gezweig aufheben und tragen. Das ist doch das Schwerste." Der Riese nahm den Stamm auf die Schulter, der Schneider aber setzte sich auf einen Ast, und der Riese, der sich nicht umsehen konnte, mußte den ganzen Baum und das Schneiderlein noch obendrein forttragen. Es war da hinten ganz lustig und guter Dinge und pfiff das Liedchen: „Es ritten drei Schneider zum Tore hinaus", als wäre das Baumtragen ein Kinderspiel. Als der Riese die schwere Last ein Stück Wegs geschleppt hatte, konnte er nicht weiter und rief: „Hör, ich muß den Baum fallen lassen." Der Schneider sprang geschwind herab, faßte den Baum mit beiden Armen, als wenn er ihn getragen hätte, und sprach zum Riesen: „Du bist ein so großer Kerl und kannst den Baum nicht einmal tragen."

Sie gingen zusammen weiter, und als sie an einem Kirschbaum vorbeikamen, faßte der Riese die Krone des Baums, wo die ersten reifen Früchte hingen, bog sie herab, gab sie dem Schneider in die Hand und hieß ihn essen. Das Schneiderlein aber war viel zu schwach, um den Baum zu halten, und als der Riese losließ, schnellte der Baum in die Höhe, und der Schneider flog mit in die Luft hinauf. „Was ist das?" fragte der Riese, „hast du nicht Kraft genug, die schwache Gerte zu halten?" „An der Kraft fehlt es nicht", antwortete das Schneiderlein, „meinst du, das wäre zu viel für einen, der sieben mit einem Streich erschlagen hat? Ich bin über den Baum gesprungen, weil die Jäger da unten in das Gebüsch schießen. Spring nach, wenn du es vermagst." Der Riese

machte den Versuch, konnte aber nicht über den Baum kommen, sondern blieb in den Ästen hängen, so daß das Schneiderlein auch hier die Oberhand behielt.

Der Riese sprach: „Wenn du ein so tapferer Kerl bist, so komm mit in unsere Höhle und übernachte bei uns." Das Schneiderlein war bereit und folgte ihm. Als sie in der Höhle anlangten, saßen da noch andere Riesen beim Feuer, und jeder hatte ein gebratenes Schaf in der Hand und aß davon. Das Schneiderlein sah sich um und dachte: „Es ist doch hier weit mehr Platz als in meiner Werkstatt." Der Riese wies ihm ein Bett zu und sagte, er solle sich hineinlegen und ausschlafen. Dem Schneiderlein war aber das Bett zu groß, er legte sich nicht hinein, sondern kroch in eine Ecke. Als es Mitternacht war und der Riese meinte, das Schneiderlein läge in tiefem Schlaf, stand er auf, nahm eine große Eisenstange und schlug das Bett mit einem Schlag entzwei und meinte, er hätte dem Grashüpfer den Garaus gemacht. Mit dem frühsten Morgen gingen die Riesen in den Wald und hatten das Schneiderlein ganz vergessen. Da kam es auf einmal ganz lustig und keck dahergeschritten. Die Riesen erschraken, fürchteten, es schlüge sie alle tot, und liefen in großer Hast davon.

Das Schneiderlein zog weiter, immer seiner spitzen Nase nach. Nachdem es lange gewandert war, legte es sich ins Gras und schlief ein. Während es da lag, kamen die Leute, betrachteten es von allen Seiten und lasen auf dem Gürtel: „Sieben auf einen Streich!“ „Ach“, sprachen sie, „was will der große Kriegsheld hier mitten im Frieden? Das muß ein mächtiger Herr sein.“ Sie gingen und meldeten es dem König und meinten, wenn Krieg ausbrechen sollte, wäre das ein wichtiger und nützlicher Mann, den man um keinen Preis fortlassen dürfe. Dem König gefiel der Rat, und er schickte einen von seinen Hofleuten zu dem Schneiderlein, der sollte ihm, wenn es aufgewacht wäre, die Kriegsdienste anbieten. Der Abgesandte blieb bei dem Schläfer stehen, wartete, bis er die Glieder streckte und die Augen aufmachte, und brachte dann sein Anliegen vor. „Eben deshalb bin ich hierhergekommen“, antwortete das Schneiderlein. „Ich bin bereit, in des Königs Dienste zu treten.“ So wurde er ehrenvoll empfangen und ihm eine besondere Wohnung zugewiesen.

Die Soldaten aber waren gegen das Schneiderlein und wünschten, es wäre tausend Meilen weit weg. „Was soll daraus werden?“ sprachen sie untereinander, „Wenn wir Streit mit ihm kriegen, und er haut zu, so fallen sieben von uns auf jeden Streich. Da kann unsereiner nicht bestehen.“ So faßten sie einen Entschluß, begaben sich allesamt zum König und baten um ihren Abschied. „Wir sind nicht gemacht“, sprachen sie, „neben einem so starken Mann auszuhalten, der sieben auf einen Streich erschlägt.“ Der König war traurig, daß er um des einen willen alle seinen treuen Diener verlieren sollte, wünschte, daß seine Augen ihn nie gesehen hätten, und wäre ihn gerne wieder los gewesen. Aber er getraute sich nicht, ihm den Abschied zu geben, weil er fürchtete, er könnte ihn samt seinem Volke totschlagen und sich auf den königlichen Thron setzen. Er sann lange hin und her. Endlich fand er einen Ausweg. Er schickte zu dem Schneiderlein und ließ ihm sagen, weil er ein so großer Kriegsheld wäre, so wolle er ihm ein Angebot machen. In einem Walde seines Landes hausten zwei Riesen, die mit Rauben, Morden, Sengen und Brennen großen Schaden stifteten. Niemand dürfe sich ihnen nahen, ohne sich in Lebensgefahr zu begeben. Wenn er diese beiden Riesen überwältige und töte, so wolle er ihm seine einzige Tochter zur Frau geben und das halbe Königreich dazu. Auch sollten hundert Reiter mit ihm ziehen und ihm Beistand leisten. „Das wäre so etwas für einen Mann wie mich“, dachte das Schneiderlein, „eine schöne Königstochter und ein halbes Königreich wird einem nicht alle Tage angeboten.“ „O ja!“ gab er zur Antwort, „Die Riesen will ich schon bändigen, aber die hundert Reiter habe ich dabei nicht nötig. Wer sieben auf einen Streich trifft, braucht sich vor zweien nicht zu fürchten!“

Das Schneiderlein zog aus, und die hundert Reiter folgten ihm. Als er an den Rand des Waldes kam, sprach er zu seinen Begleitern: „Haltet nur hier an, ich will schon allein mit den Riesen fertig werden!“ Dann sprang er in den Wald hinein und schaute sich rechts und links um. Nach einem Weilchen erblickte er die beiden Riesen. Sie lagen unter einem Baum und schliefen und schnarchten so sehr, daß sich die Äste auf- und niederbogen. Das Schneiderlein, nicht faul, sammelte beide Taschen voll Steine und stieg damit auf den Baum. Als es in der Mitte war, rutschte es auf einen Ast, bis es gerade über die beiden Schläfer zu sitzen kam, und ließ dem einen Riesen einen Stein nach dem andern auf die Brust fallen. Der Riese spürte lange nichts, bis er endlich aufwachte, seinen Gesellen anstieß und sprach: „Ei, was schlägst du mich?“ „Du träumst“, sagte der andere, „ich schlag dich nicht.“ Sie legten sich wieder schlafen. Da warf der Schneider auf den zweiten einen Stein herab. „Was soll das?“ rief dieser jetzt, „Warum bewirfst du mich?“ „Ich bewerfe dich nicht, du mußt träumen“, antwortete der erste. Sie zankten sich eine Weile herum, doch weil sie müde waren, ließen sie es gut sein, und die Augen fielen ihnen wieder zu. Das Schneiderlein fing sein Spiel von neuem an, suchte den dicksten Stein aus und warf ihn dem ersten Riesen mit aller Gewalt auf die Brust. „Das ist zu arg!“ schrie der, sprang wie ein Wahnsinniger auf und fiel über seinen Gesellen her. Dieser zahlte es ihm mit gleicher Münze heim, und sie gerieten in solche Wut, daß sie Bäume ausrissen und aufeinander losschlugen und nicht eher voneinander abließen, bis sie beide tot auf der Erde lagen. Nun sprang das Schneiderlein herab. „Ein Glück nur“, sprach es, „daß sie den Baum, auf dem ich saß, nicht ausgerissen haben, sonst hätte ich wie ein Eichhörnchen auf einen andern sprin-

gen müssen; doch einer wie ich ist flink!“ Es zog sein Schwert und versetzte jedem ein paar tüchtige Stiche in die Brust. Dann ging es hinaus zu den Reitern und sprach: „Ich habe beiden den Garaus gemacht. Hart ist es hergegangen, und sie haben in ihrer Not Bäume ausgerissen und sich gewehrt! Aber es hilft alles nichts, wenn einer kommt wie ich, der sieben auf einen Streich erschlägt.“ „Bist du denn nicht verwundet?“ fragten die Reiter. „So weit käme es noch“, antwortete der Schneider, „kein Haar haben sie mir krümmen können.“ Die Reiter wollten ihm keinen Glauben schenken und ritten in den Wald hinein. Da fanden sie die Riesen in ihrem Blute schwimmend, und ringsherum lagen die ausgerissenen Bäume.

Das Schneiderlein verlangte von dem König die versprochene Belohnung. Dieser aber bereute sein Versprechen und sann aufs neue, wie er sich den Helden vom Halse schaffen könnte. „Ehe du meine Tochter und das halbe Reich erhältst“, sprach er zu ihm, „mußt du noch eine Heldentat vollbringen. Im Walde läuft ein Einhorn, das großen Schaden anrichtet. Das mußt du erst einfangen.“ „Vor einem Einhorn fürchte ich mich noch weniger als vor zwei Riesen. Sieben auf einen Streich, das ist meine Sache!“ Er nahm sich einen Strick und eine Axt mit, ging hinaus in den Wald und hieß abermals die, welche ihn begleiteten, draußen zu warten. Er brauchte nicht lange zu suchen. Das Einhorn kam bald dahergesprungen und geradewegs auf den Schneider zu, als wollte es ihn ohne Umstände aufspießen. „Sachte, sachte“, sprach er, „so geschwind geht das nicht“, blieb stehen und wartete, bis das Tier ganz nahe war. Dann sprang er behende hinter einen Baum, und das Einhorn rannte mit aller Kraft dagegen und spießte sein Horn so fest in den Stamm, daß es nicht Kraft genug hatte, es wieder herauszuziehen, und gefangen war. „Jetzt habe ich das liebe Tierchen“, sagte der Schneider, kam hinter dem Baum hervor, legte dem Einhorn den Strick um den Hals, hieb mit der Axt das Horn ab und führte es vor den König.

Der König aber wollte ihm den versprochenen Lohn immer noch nicht gewähren, sondern verlangte von dem Schneiderlein, es müsse ihm vor der Hochzeit erst ein Wildschwein fangen, das in dem Wald großen Schaden anrichtete. Die Jäger sollten ihm Beistand leisten. „Gerne“, sprach der Schneider, „das ist ein Kinderspiel!“ Die Jäger nahm er nicht mit in den Wald, und sie waren es wohl zufrieden, denn das Wildschwein hatte sie schon mehrmals so empfangen, daß sie keine Lust hatten, ihm nachzustellen. Als das Schwein den Schneider erblickte, lief es mit schäumendem Munde und wetzenden Zähnen auf ihn zu und wollte ihn zur Erde werfen. Der Held aber flüchtete, sprang in eine Kapelle, die in der Nähe war, kletterte aber gleich wieder oben zum Fenster

hinaus. Das Schwein war hinter ihm hergelaufen, er aber hüpfte um die Kapelle herum und schlug hinter dem Tier schnell die Tür zu. Da war das wütende Tier gefangen, das viel zu plump war, um aus dem Fenster hinauszuspringen. Das Schneiderlein rief die Jäger herbei, die mußten den Gefangenen mit eigenen Augen sehen. Der Held aber begab sich zum König, der nun, ob er wollte oder nicht, sein Versprechen halten und ihm seine Tochter und das halbe Königreich übergeben mußte. Hätte er gewußt, daß kein Kriegsheld, sondern ein Schneiderlein vor ihm stand, wäre es ihm noch mehr zu Herzen gegangen. Die Hochzeit wurde also mit großer Pracht und kleiner Freude gefeiert, und aus einem Schneider wurde ein König.

Nach einiger Zeit hörte die junge Königin in der Nacht, wie ihr Gemahl im Traume sprach: „Junge, näh mir die Jacke und flick mir die Hosen, oder ich will dir die Ohren langziehen." Da merkte sie, in welcher Gasse der junge Herr geboren war, klagte am andern Morgen ihrem Vater ihr Leid und bat, er möchte ihr von diesem Manne weghelfen, der nichts anders als ein Schneider wäre. Der König sprach ihr Trost zu und sagte: „Laß in der nächsten Nacht deine Schlafkammer offen, meine Soldaten sollen davorstehen und, wenn er eingeschlafen ist, hineingehen, ihn fesseln und auf ein Schiff tragen, das ihn fortbringt." Die junge Frau war damit zufrieden. Der Diener des Königs aber, der alles mitangehört hatte, war dem jungen Herrn zugetan und erzählte ihm von dem Anschlag. „Diesen Plan werde ich zu verhindern wissen", sagte das Schneiderlein. Abends legte es sich wie gewöhnlich mit seiner Frau zu Bett; als sie glaubte, er sei eingeschlafen, stand sie auf, öffnete die Türe und legte sich wieder hin. Das Schneiderlein, das sich nur stellte, als wenn es schliefe, fing an mit heller Stimme zu rufen: „Junge, näh mir die Jacke und flick mir die Hosen, oder ich will dir die Ohren langziehen! Ich habe sieben mit einem Streich getroffen, zwei Riesen getötet, ein Einhorn fortgeführt und ein Wildschwein gefangen und sollte mich vor denen fürchten, die draußen vor der Kammer stehen!" Als diese den Schneider so sprechen hörten, bekamen sie große Angst und liefen, als wäre der Teufel hinter ihnen her, und keiner wollte sich mehr an ihn wagen. Also war und blieb das Schneiderlein sein Lebtag ein König.

Aschenputtel

Kleine Märchenkunde

Das Märchen vom Aschenputtel, dessen abenteuerliche Wanderung von Vietnam bis nach Europa bereits im Vorwort beschrieben wurde, ist vielleicht das beliebteste Märchen der ganzen Welt. Die Ansicht, daß erhöht wird, wer in der Asche sitzt, findet sich schon in Homers Odysee *im 8. Jahrhundert v. Chr., und die Episode mit dem Schuh kannten schon die alten Ägypter um die Zeitenwende. Seitdem ist das Märchen aus der mündlichen Erzählüberlieferung ungefähr tausendmal aufgeschrieben worden, unter anderem in Japan, in China, bei den Arabern und den Indianern Nordamerikas. Wenn je etwas volkstümlich war, dann der Aschenputtel-Stoff, der von menschlichen Grundsituationen und Urwünschen handelt: Benachteiligung, Neid, Rivalität, aber auch Liebe, Erfolg und Erfüllung kühnster Träume. Die Brüder Grimm konnten bei der Gestaltung des Märchens auf neun unterschiedliche Versionen des Märchens zurückgreifen, die in verschiedenen Ländern Deutschlands erzählt wurden.*

Der Name der Titelheldin ist sprichwörtlich geworden für ein unscheinbares, zurückgesetztes Mädchen, das sich letztendlich als etwas Strahlendes entpuppt und unerwartet großen Erfolg hat. Das Wort „Aschenputtel" kommt aus dem Griechischen und bedeutet „Dreckshintern". So nannte man in Griechenland Katzen, die vor dem Kamin in der Asche saßen. In China glaubte man noch vor Beginn des 20. Jahrhunderts, daß Aschenputtel wirklich gelebt habe, und baute ihm Denkmäler, die heute noch besichtigt werden können.

Einem reichen Manne wurde seine Frau krank. Und als sie fühlte, daß ihr Ende herankam, rief sie ihr einziges Töchterlein zu sich ans Bett und sprach: „Liebes Kind, bleibe fromm und gut, so wird dir der liebe Gott immer beistehen, und ich will vom Himmel auf dich herabblicken und will um dich sein." Darauf tat sie die Augen zu und starb. Das Mädchen ging jeden Tag zu dem Grabe der Mutter und weinte und blieb fromm und gut. Als der Winter kam, deckte der Schnee ein weißes Tüchlein auf das Grab, und als die Sonne im Frühjar es wieder herabgezogen hatte, nahm sich der Mann eine andere Frau.

Die Frau brachte zwei Töchter mit ins Haus, die schön und weiß von Angesicht waren, aber garstig und schwarz in ihrem Herzen. Da ging eine schlimme Zeit für das arme Stiefkind an. „Soll die dumme Gans bei uns in der Stube sitzen!" sprachen sie, „Wer Brot essen will, muß es verdienen. Hinaus mit der Küchenmagd!" Sie nahmen ihm seine schönen Kleider weg, zogen ihm einen grauen alten Kittel an und gaben ihm hölzerne Schuhe. „Seht einmal die stolze Prinzessin, wie sie geputzt ist!" riefen sie, lachten und führten es in die Küche. Da mußte es von morgens bis abends schwere Arbeit tun, früh vor Tagesanbruch aufstehn, Wasser tragen, Feuer anmachen, kochen und waschen. Obendrein taten ihm die Schwestern alles ersinnliche Herzeleid an, verspotteten es und schütteten ihm Erbsen und Linsen in die Asche, so daß es sitzen und sie wieder auslesen mußte. Abends, wenn es sich müde gearbeitet hatte, kam es in kein Bett, sondern mußte sich neben den Herd in die Asche legen. Und weil es darum immer staubig und schmutzig aussah, nannten sie es Aschenputtel.

Es trug sich zu, daß der Vater einmal in die Stadt reisen mußte. Da fragte er die beiden Stieftöchter, was er ihnen mitbringen sollte. „Schöne Kleider", sagte die eine, „Perlen und Edelsteine" die zweite. „Und du, Aschenputtel", sprach er, „was willst du haben?" „Vater, das erste Zweiglein, das dir auf deinem Heimweg an den Hut stößt, das brich für mich ab." Er kaufte nun für die beiden Stiefschwestern schöne Kleider, Perlen und Edelsteine, und auf dem Rückweg, als er durch einen grünen Busch ritt, streifte ihn ein Haselzweig und stieß ihm den Hut vom Kopf. Da brach er den Zweig ab und nahm ihn mit. Als er nach Haus kam, gab er den Stieftöchtern, was sie sich gewünscht hatten, und dem Aschenputtel gab er das Zweiglein von dem Haselbusch. Aschenputtel dankte ihm, ging zu seiner Mutter Grab und pflanzte den Zweig darauf. Dabei weinte es so sehr, daß die Tränen darauf niederfielen und ihn begossen. Er wuchs an und wurde ein schöner Baum. Aschenputtel ging alle Tage dreimal zum Grab, weinte und betete, und allemal kam ein weißes Vöglein auf den Baum, und

wenn es einen Wunsch aussprach, so warf ihm das Vöglein herab, was es sich gewünscht hatte.

Es begab sich aber, daß der König ein Fest veranstaltete, das drei Tage dauern sollte. Dazu wurden alle schönen Jungfrauen im Lande eingeladen, damit sich sein Sohn eine Braut aussuchen möchte. Als die zwei Stiefschwestern hörten, daß sie auch dabei erscheinen sollten, waren sie guter Dinge, riefen Aschenputtel und sprachen: „Kämm uns die Haare, bürste uns die Schuhe und mache uns die Schnallen fest. Wir gehen zur Hochzeit auf des Königs Schloß." Aschenputtel gehorchte, weinte aber, weil es auch gerne zum Tanz mitgegangen wäre, und bat die Stiefmutter, sie möchte es ihm erlauben. „Du Aschenputtel", sprach sie, „bist voll Staub und Schmutz und willst zur Hochzeit? Du hast keine Kleider und Schuhe und willst tanzen?" Als es aber weiter bettelte, sprach sie endlich: „Da habe ich dir eine Schüssel Linsen in die Asche geschüttet. Wenn du die Linsen in zwei Stunden wieder ausgelesen hast, so darfst du mitgehen." Das Mädchen ging durch die Hintertür in den Garten und rief: „Ihr zahmen Täubchen, ihr Turteltäubchen, all ihr Vöglein unter dem Himmel, kommt und helft mir, die Linsen lesen.

Die guten ins Töpfchen,
die schlechten ins Kröpfchen!"

Da kamen zum Küchenfenster zwei weiße Täubchen herein und danach die Turteltäubchen, und endlich schwirrten und schwärmten alle Vöglein unter dem Himmel herbei und ließen sich um die Asche nieder. Und die Täubchen nickten mit den Köpfchen und fingen an pick, pick, pick, pick, alle guten Körnlein in die Schüssel zu lesen, und die anderen Vögel halfen, pick, pick, pick, pick, mit. Kaum war eine Stunde herum, so waren sie schon fertig und flogen alle wieder hinaus. Da brachte das Mädchen die Schüssel der Stiefmutter, freute sich und glaubte, es dürfte nun mit auf das Fest gehen. Die aber sprach: „Nein, Aschenputtel, du hast keine Kleider und kannst nicht tanzen. Du wirst nur ausgelacht." Als es nun weinte, sprach sie: „Wenn du mir zwei Schüsseln voll Linsen in einer Stunde sauber aus der Asche lesen kannst, so sollst du mitgehen", und dachte, „das kann es ja nie und nimmer." Als sie die zwei Schüsseln Linsen in die Asche geschüttet hatte, ging das Mädchen durch die Hintertür in den Garten und rief wieder: „Ihr zahmen Täubchen, ihr Turteltäubchen, all ihr Vöglein unter dem Himmel, kommt und helft mir lesen.

Die guten ins Töpfchen,
die schlechten ins Kröpfchen!"

Da kamen zum Küchenfenster zwei weiße Täubchen herein und danach die Turteltäubchen, und endlich schwirrten und schwärmten alle Vögel unter dem Himmel herbei und ließen sich um die Asche nieder. Und die Täubchen nickten mit den Köpfchen und fingen an pick, pick, pick, pick, alle guten Körnlein in die Schüsseln zu lesen, und die anderen Vögel halfen, pick, pick, pick, pick, mit. Und ehe eine halbe Stunde herum war, waren sie schon fertig und flogen alle wieder hinaus. Da trug das Mädchen die Schüsseln zu der Stiefmutter, freute sich und glaubte, nun dürfte es mit auf das Fest gehen. Aber die sprach: „Es hilft dir alles nichts! Du kommst nicht mit, denn du hast keine Kleider und kannst nicht tanzen. Wir müßten uns deiner schämen!" Darauf kehrte sie ihm den Rücken zu und eilte mit ihren zwei stolzen Töchtern fort.

Als nun niemand mehr daheim war, ging Aschenputtel zu seiner Mutter Grab unter den Haselbaum und rief:

„Bäumchen, rüttel dich und schüttel dich,
wirf Gold und Silber über mich!"

Da warf ihm der Vogel ein goldenes Kleid herunter und Schuhchen, die mit Seide und Silber bestickt waren. In aller Eile zog es das Kleid an und ging zur Hochzeit. Seine Schwestern und die Stiefmutter erkannten es nicht und meinten, es müsse eine fremde Königstochter sein, so schön sah es in dem goldenen Kleide aus. An Aschenputtel dachten sie gar nicht und meinten, es säße daheim im Schmutz und suchte die Linsen aus der Asche. Der Königssohn kam ihm entgegen, nahm es bei der Hand und tanzte mit ihm. Er wollte von da an mit niemandem sonst tanzen und ließ seine Hand nicht los. Wenn ein anderer kam, um es aufzufordern, sprach er: „Das ist meine Tänzerin."

Sie tanzten, bis es Abend war, da wollte Aschenputtel nach Haus gehen. Der Königssohn aber sprach: „Ich gehe mit und begleite dich", denn er wollte sehen, wo das schöne Mädchen wohnte. Sie entwischte ihm aber und sprang in das Taubenhaus. Nun wartete der Königssohn, bis der Vater kam, und fragte ihn nach dem fremden Mädchen, das in das Taubenhaus gesprungen sei. Der Alte dachte: „Sollte es mein Aschenputtel sein?" und mußte ihm Axt und Hacken bringen, damit er das Taubenhaus entzweischlagen konnte. Aber es war niemand darin. Und als sie ins Haus kamen, lag Aschenputtel in seinen schmutzigen Kleidern in der Asche, und ein trübes Öllämpchen brannte im Schornstein. Aschenputtel war nämlich geschwind hinten aus dem Taubenhaus herabgesprungen und zu dem Haselbäumchen gelaufen. Dort hatte es die schönen Kleider ausgezogen und auf's Grab gelegt, und der Vogel hatte sie wieder weggenommen. Dann hatte es sich wieder in seinem grauen Kittelchen in die Küche zur Asche gesetzt.

Am andern Tag, als das Fest von neuem begann, und die Eltern und Stiefschwestern wieder fort waren, ging Aschenputtel zu dem Haselbaum und sprach:

„Bäumchen, rüttel dich und schüttel dich,
wirf Gold und Silber über mich!"

Da warf der Vogel ein noch viel schöneres Kleid herab als am vorigen Tag. Und als es mit diesem Kleid im Festsaal erschien, erstaunte jedermann über seine Schönheit. Der Königssohn aber hatte gewartet, bis es kam, nahm es gleich bei der Hand und tanzte nur allein mit ihm. Wenn die andern kamen und es aufforderten, sprach er: „Das ist meine Tänzerin." Als es nun Abend war, wollte es fort, und der Königssohn ging ihm nach und wollte sehen, in welches Haus es gehörte. Aber es sprang ihm fort und in den Garten hinter dem Haus. Darin stand ein schöner großer Baum, an dem die herrlichsten Birnen hingen. Es kletterte so behend wie ein Eichhörnchen zwischen die Äste, und der Königssohn wußte nicht, wo es hingekommen war. Er wartete aber, bis der Vater kam und sprach zu ihm: „Das fremde Mädchen ist mir entwischt, und ich glaube, es ist auf den Birnbaum gestiegen. Der Vater dachte: „Sollte es mein Aschenputtel sein?" ließ sich die Axt holen und hieb den Baum um, aber es war niemand darauf. Und als sie in die Küche kamen, lag Aschenputtel da in der Asche, wie sonst auch, denn es war auf der andern Seite vom Baum herabgesprungen, hatte dem Vogel auf dem Haselbäumchen die schönen Kleider wiedergebracht und sein graues Kittelchen angezogen.

Am dritten Tag, als die Eltern und Schwestern fort waren, ging Aschenputtel wieder zu seiner Mutter Grab und sprach zu dem Bäumchen:

„Bäumchen, rüttel dich und schüttel dich,
wirf Gold und Silber über mich!"

Nun warf ihm der Vogel ein Kleid herab, das war so prächtig und glänzend, wie es noch keins gegeben hatte, und die Schuhchen waren ganz aus Gold. Als es in dem Kleid auf das Fest kam, wußten sie alle nicht, was sie vor Verwunderung sagen sollten. Der Königssohn tanzte ganz allein mit ihm, und wenn es einer zum Tanz aufforderte, sprach er: „Das ist meine Tänzerin."

Als es nun Abend war, wollte Aschenputtel fort, und der Königssohn wollte es begleiten. Aber es entsprang ihm so geschwind, daß er nicht folgen konnte. Der Königssohn hatte aber eine List gebraucht und die ganze Treppe mit Pech bestreichen lassen. Als nun Aschenputtel die Stufen hinabsprang, blieb sein linker Schuh an der Treppe kleben. Der Königssohn hob ihn auf, er war klein und zierlich und ganz aus Gold. Am nächsten Morgen ging er damit zu dem Vater und sagte zu ihm: „Keine andere soll meine Gemahlin werden als die, an deren Fuß dieser goldene Schuh paßt." Da freuten sich die beiden Schwestern, denn sie hatten schöne Füße. Die älteste ging mit dem Schuh in die Kammer und wollte ihn anprobieren, und die Mutter stand da-

bei. Aber sie konnte mit der großen Zehe nicht hineinkommen, und der Schuh war ihr zu klein. Da reichte ihr die Mutter ein Messer und sprach: „Schneid die Zehe ab. Wenn du erst Königin bist, brauchst du nicht mehr zu Fuß zu gehen." Das Mädchen schnitt die Zehe ab, zwängte den Fuß in den Schuh, verbiß den Schmerz und trat heraus zum Königssohn. Da nahm er sie als seine Braut aufs Pferd und ritt mit ihr fort. Sie mußten aber an dem Grabe vorbei. Da saßen die zwei Täubchen auf dem Haselbäumchen und riefen:

„Rucke di guh, rucke di guh,
Blut ist im Schuh!
Der Schuh ist zu klein,
die rechte Braut sitzt noch daheim!"

Da blickte er auf ihren Fuß und sah, wie das Blut herausquoll. Er wendete sein Pferd um, brachte die falsche Braut wieder nach Hause und sagte, das wäre nicht die rechte, die andere Schwester solle den Schuh anziehen. Da ging diese in die Kammer und kam mit den Zehen glücklich in den Schuh, aber die Ferse war zu groß. Da reichte ihr die Mutter ein Messer und sprach: „Schneid ein Stück von der Ferse ab. Wenn du erst Königin bist, brauchst du nicht mehr zu Fuß zu gehen." Das Mädchen schnitt ein Stück von der Ferse ab, zwängte den Fuß in den Schuh, verbiß den Schmerz und trat heraus zum Königssohn. Da nahm er sie als seine Braut aufs Pferd und ritt mit ihr fort. Als sie an dem Haselbäumchen vorbeikamen, saßen die zwei Täubchen darauf und riefen:

„Rucke di guh, rucke di guh,
Blut ist im Schuh!
Der Schuh ist zu klein,
die rechte Braut sitzt noch daheim!"

Er blickte nieder auf ihren Fuß und sah, wie das Blut aus dem Schuh quoll und an den weißen Strümpfen ganz rot heraufgestiegen war. Da wendete er sein Pferd und brachte die falsche Braut wieder nach Haus. „Das ist auch nicht die rechte", sprach er, „habt ihr keine andere Tochter?" „Nein", sagte der Mann, „nur von meiner verstorbenen Frau ist noch ein kleines schmutziges Aschenputtel da, das kann unmöglich die Braut sein." Der Königssohn sprach, er sollte es rufen, die Mutter aber antwortete: „Ach nein, das ist viel zu schmutzig, das darf sich nicht sehen lassen." Er wollte es aber durchaus haben, und Aschenputtel mußte gerufen werden. Da wusch es sich erst Hände und Gesicht rein, ging dann hinaus und neigte sich vor dem Königssohn, der ihm den goldenen Schuh reichte. Da setzte es sich auf einen Schemel, zog den Fuß aus dem schweren Holzschuh und schlüpfte in den Pantoffel. Der paßte wie angegos-

sen. Und als es sich in die Höhe richtete und der König ihm ins Gesicht sah, erkannte er das schöne Mädchen, das mit ihm getanzt hatte, und rief: „Das ist die rechte Braut!" Die Stiefmutter und die beiden Schwestern erschraken und wurden bleich vor Ärger. Er aber nahm Aschenputtel aufs Pferd und ritt mit ihm fort. Als sie an dem Haselbäumchen vorbeikamen, riefen die zwei weißen Täubchen:

„Rucke di guh, rucke di guh,
kein Blut im Schuh!
Der Schuh ist nicht zu klein,
die rechte Braut, die führt er heim!"

Und als sie das gerufen hatten, kamen sie beide herabgeflogen und setzten sich dem Aschenputtel auf die Schultern, eines rechts, das andere links, und blieben da sitzen.

Als die Hochzeit mit dem Königssohn gefeiert werden sollte, kamen die falschen Schwestern, wollten sich einschmeicheln und teil an seinem Glück nehmen. Als die Brautleute nun zur Kirche gingen, war die älteste zur rechten, die jüngste zur linken Seite: Da pickten die Tauben einer jeden das eine Auge aus. Hernach, als sie herausgingen, war die älteste zur linken und die jüngste zur rechten. Da pickten die Tauben einer jeden das andere Auge aus. Und so waren sie für ihre Bosheit und Falschheit mit Blindheit auf ihr Lebtag bestraft.

Die Bremer Stadtmusikanten

Kleine Märchenkunde

Ähnlich wie Das tapfere Schneiderlein *sind auch* Die Bremer Stadtmusikanten *kein Zaubermärchen. Es handelt sich hierbei um einen Tierschwank, der vermutlich auf eine ältere Fabel zurückgeht. Schon der Meistersinger Hans Sachs kannte das Thema und fand es interessant genug, um im Jahr 1551 ein Meisterlied daraus zu machen. Die Erzählung von den Tieren, die aus Angst getötet zu werden, auf Wanderschaft gehen, ist von eindrücklicher Bildhaftigkeit. In den Erzählungen anderer Länder ziehen sie fort, weil sie fürchten, das Ende der Welt stehe bevor.*

Der Ort des Schwanks, Bremen, ist erst sehr spät in die Geschichte von der Wanderschaft der Tiere *gekommen, wie sie sonst allgemein genannt wird. Und keineswegs sind es immer Esel, Hund, Katze und Hahn, die sich zusammentun: Varianten erzählen auch von Hirschen, Ziegenböcken, Bullen, Füchsen und Gantern, die auf eine Pilgerreise nach Rom gehen. Darunter gibt es eine Erzählung, wo die Tiere die Räuber nicht verjagen, sondern friedlich eintreten, Musik machen und dafür von den Hausbewohnern aufgenommen werden. Erst als die Räuber am nächsten Tag von einem Beutezug um Mitternacht heimkehren, erleben sie das, was wir aus der Grimmschen Fassung kennen.*

Der „Turmbau" dieser Aussteiger-Tiere — einer sehr erfolgreichen „Senioreninitiative", welche die Gestaltung ihres Ruhestandes selbst tatkräftig in die Hand nimmt — hat so manchen Buchillustratoren zur Gestaltung gereizt. Sie fehlt als heiteres Symbol des Sieges der einfallsreichen Schwachen über die angsteinflößende Umwelt (hier in Form einer furchterregenden Räuberbande) in fast keiner bebilderten Märchenausgabe.

Es hatte ein Mann einen Esel, der ihm schon lange Jahre treu gedient hatte, dessen Kräfte aber nun zu Ende gingen, so daß er zur Arbeit immer untauglicher wurde. Da wollte ihn der Herr aus dem Futter schaffen. Aber der Esel merkte, daß kein guter Wind wehte, lief fort und machte sich auf den Weg nach Bremen. „Dort", dachte er, „kannst du ja Stadtmusikant werden." Als er ein Weilchen gegangen war, fand er einen Jagdhund am Weg liegen, der japste wie einer, der sich müde gelaufen hat. „Nun, was japst du so, Packan?" fragte der Esel. „Ach", sagte der Hund, „weil ich alt bin, jeden Tag schwächer werde und auf der Jagd nichts mehr tauge, hat mich mein Herr totschlagen wollen. Da hab ich Reißaus genommen. Aber womit soll ich nun mein Brot verdienen?" „Weißt du was", sprach der Esel, „ich gehe nach Bremen, um dort Stadtmusikant zu werden. Geh mit, und laß dich auch bei der Musik aufnehmen. Ich spiele die Laute, und du schlägst die Pauken." Der Hund war es zufrieden, und sie gingen weiter.

Es dauerte nicht lange, da saß eine Katze am Weg und machte ein Gesicht wie drei Tage Regenwetter. „Nun, was ist dir in die Quere gekommen, alter Bartputzer?" sprach der Esel. „Wer kann denn lustig sein, wenn's einem an den Kragen geht", antwortete die Katze. „Weil ich nun zu alt bin, meine Zähne stumpf werden, und ich lieber hinter dem Ofen sitze und schlafe, als auf Mäusejagd zu gehen, hat mich meine Frau ersäufen wollen; ich habe mich zwar noch fortgemacht, aber nun ist guter Rat teuer; wo soll ich hin?" „Geh mit uns nach Bremen. Du verstehst dich doch auf die Nachtmusik, da kannst du ein Stadtmusikant werden." Die Katze hielt das für gut und ging mit. Darauf kamen die drei Flüchtlinge an einem Hof vorbei. Da saß auf dem Tor der Haushahn und schrie aus Leibeskräften. „Du schreist einem ja durch Mark und Bein", sprach der Esel, „was hast du vor?" „Da hab ich gutes Wetter prophezeit",

sprach der Hahn, „weil heute Waschtag ist, und die Kleider trocknen sollen. Aber weil morgen zum Sonntag Gäste kommen, kennt die Hausfrau doch kein Erbarmen und hat der Köchin gesagt, sie wolle mich morgen in der Suppe essen, und da soll ich mir heute abend den Kopf abschneiden lassen. Nun schrei ich aus vollem Hals, so lang ich noch kann." „Ei was, du Rotkopf", sagte der Esel, „zieh lieber mit uns fort nach Bremen; etwas Besseres als den Tod findest du überall. Du hast eine gute Stimme, und wenn wir zusammen musizieren, so muß es eine Art haben." Der Hahn ließ sich den Vorschlag gefallen, und sie gingen alle viere zusammen weiter.

Sie konnten aber die Stadt Bremen in einem Tag nicht erreichen und kamen abends in einen Wald, wo sie übernachten wollten. Der Esel und der Hund legten sich unter einen großen Baum, die Katze kletterte hinauf, der Hahn aber flog bis in die Spitze, wo es am sichersten für ihn war. Ehe er einschlief, sah er sich noch einmal nach allen vier Winden um. Da schien es ihm, als sähe er in der Ferne ein Fünkchen brennen, und er rief seinen Gesellen zu, es müßte nicht sehr weit ein Haus sein, denn es scheine ein Licht. Da sprach der Esel: „So wollen wir uns aufmachen und noch hingehen, denn hier ist die Herberge schlecht." Und der Hund sagte: „Ja, ein paar Knochen und etwas Fleisch dran täten mir auch gut." Nun machten sie sich auf den Weg nach der Gegend, wo das Licht war, und sahen es bald heller schimmern, und es wurde immer größer, bis sie vor ein hell erleuchtetes Räuberhaus kamen. Der Esel als der Größte schlich sich ans Fenster und schaute hinein. „Was siehst du, Grauschimmel?" fragte der Hahn. „Was ich sehe?" antwortete der Esel. „Einen gedeckten Tisch mit schönem

Essen und Trinken, und Räuber sitzen daran und lassen es sich wohl sein." „Das wäre was für uns", sprach der Hahn. „Ja, ja! Ach, wären wir dort drinnen!" sagte der Esel. Da beratschlagten die Tiere, wie sie es anfangen müßten, um die Räuber fortzujagen. Endlich fanden sie ein Mittel. Der Esel mußte sich mit den Vorderfüßen auf das Fenster stellen, der Hund auf des Esels Rücken, die Katze auf den Hund klettern, und endlich flog der Hahn hinauf, und setzte sich der Katze auf den Kopf. Wie das geschehen war, fingen sie alle auf ein Zeichen an, ihre Musik zu machen: Der Esel schrie, der Hund bellte, die Katze miaute, und der Hahn krähte; dann stürzten sie durch das Fenster in die Stube hinein, daß die Scheiben nur so klirrten. Die Räuber fuhren bei dem entsetzlichen Geschrei in die Höhe, meinten nicht anders, als daß ein Gespenst hereinkäme, und flohen in größter Furcht in den Wald hinaus. Nun setzten sich die vier Gesellen an den Tisch, nahmen mit dem vorlieb, was übrig geblieben war, und aßen, als wenn sie vier Wochen hungern sollten.

Als die vier Spielleute satt waren, löschten sie das Licht aus und suchten sich eine Schlafstätte, jeder nach seiner Natur und Bequemlichkeit. Der Esel legte sich auf den Mist, der Hund hinter die Türe, die Katze auf den Herd in die warme Asche, und der Hahn setzte sich auf den Hahnenbalken. Und weil sie müde waren von ihrem langen Weg, schliefen sie auch bald ein. Als Mitternacht vorbei war und die Räuber von weitem sahen, daß kein Licht mehr im Haus brannte, auch alles ruhig schien, sprach der Hauptmann: „Wir hätten uns doch nicht so ins Bockshorn jagen lassen sollen", und ließ einen hingehen und das Haus untersuchen. Der Abgeschickte fand

alles still, ging in die Küche, wollte ein Licht anzünden und nahm ein Schwefelhölzchen; und weil er die glühenden, feurigen Augen der Katze für lebendige Kohlen ansah, hielt er es daran, damit es Feuer fangen sollte. Aber die Katze verstand keinen Spaß, sprang ihm ins Gesicht, fauchte und kratzte. Da erschrak er gewaltig, lief und wollte zur Hintertür hinaus. Aber der Hund, der da lag, sprang auf und biß ihn ins Bein; und als er über den Hof an dem Miste vorbeirannte, gab ihm der Esel noch einen tüchtigen Tritt mit dem Hinterfuß. Der Hahn aber, der von dem Lärm aus dem Schlaf geweckt und munter geworden war, rief vom Balken herab: „Kikeriki!" Da lief der Räuber, was er konnte, zu seinem Hauptmann zurück und sprach: „Ach, in dem Haus sitzt eine gräuliche Hexe, die hat mich angefaucht und mir mit ihren langen Fingern das Gesicht zerkratzt; und vor der Türe steht ein Mann mit einem Messer, der hat mich ins Bein gestochen; und auf dem Hof liegt ein schwarzes Ungetüm, das hat mit einer Holzkeule auf mich losgeschlagen; und oben auf dem Dach, da sitzt der Richter, der rief: ‚Bringt mir den Schelm her!' Da machte ich, daß ich fortkam."
Von nun an getrauten sich die Räuber nicht wieder in das Haus. Den vier Bremer Musikanten gefiel es aber so sehr darin, daß sie nicht wieder heraus wollten. Und der das zuletzt erzählt hat, dem ist der Mund noch warm.

Hänsel und Gretel

Kleine Märchenkunde

„Hänsel und Gretel verliefen sich im Wald, es war so finster und auch so bitter kalt . . .": Dieses Lied und das Märchen vom Geschwisterpaar und der bösen Hexe ist aus der Kindheit wohl jedem deutschsprachig Aufgewachsenen unauslöschlich im Gedächtnis verhaftet. Das liegt einerseits daran, daß die bei allen Kindern zeitweilig auftauchende Angst, von ihren Eltern verlassen zu werden, über eine Geschichte mit gutem Ende stellvertretend abreagiert werden kann. Andererseits nimmt natürlich das Pfefferkuchenhaus die immer aufs Naschhafte gerichtete kindliche Phantasie völlig gefangen. Wie gut kann man so ein Pfefferkuchenhaus in allen seinen Einzelheiten selbst malen! Und ohne das Märchen von Hänsel und Gretel *wären auch die Auslagen der Bäckereien in der Vorweihnachtszeit um das typische Knusperhäuschen ärmer. Eigentlich müßten die Konditoren an die Brüder Grimm Honorar zahlen, wegen Bereicherung ihrer Produktionspalette um einen ausgesprochenen Renner! Woher die Brüder Grimm die Geschichte kannten, ist ungewiß; möglicherweise aus dem Kreis der Kasseler Apothekerfamilie Wild, die aus Bern stammte und deren Tochter Henriette Dorothea später die Frau von Wilhelm Grimm wurde. Das Märchen war und ist jedoch allgemein in Europa bekannt und zwar spätestens seit Anfang des 17. Jahrhunderts. Es gehört zum Standardrepertoire von Märchenausgaben und Volkskalendern, findet sich schon bei dem Franzosen Perrault im 17. Jahrhundert und später auch in der Sammlung von Bechstein, wo es den gleichen Titel trägt wie in den* Kinder- und Hausmärchen.

Vor einem großen Walde wohnte ein armer Holzhacker mit seiner Frau und seinen zwei Kindern. Das Bübchen hieß Hänsel und das Mädchen Gretel. Sie hatten wenig zu beißen und zu brechen, und einmal, als eine große Teuerung ins Land kam, konnte der Vater auch das tägliche Brot nicht mehr beschaffen. Wie er sich nun abends im Bett Gedanken machte und sich voller Sorge hermwälzte, seufzte er und sprach zu seiner Frau: „Was soll aus uns werden? Wie können wir unsere armen Kinder ernähren, wo wir für uns selbst nichts mehr haben?" „Weißt du was, Mann", antwortete die Frau, „wir wollen morgen in aller Frühe die Kinder hinaus in den Wald führen, wo er am dichtesten ist. Da machen wir ihnen ein Feuer an und geben jedem noch ein Stückchen Brot. Dann gehen wir an unsere Arbeit und lassen sie allein. Sie finden den Weg nicht wieder nach Haus, und wir sind sie los." „Nein, Frau", sagte der Mann, „das tue ich nicht; wie sollte ich es übers Herz bringen, meine Kinder im Walde allein zu lassen. Die wilden Tiere würden bald kommen und sie zerreißen." „O du Narr", sagte sie, „dann müssen wir alle vier Hungers sterben. Du kannst schon die Bretter für die Särge hobeln", und sie ließ ihm keine Ruhe, bis er einwilligte. „Aber die armen Kinder dauern mich doch", sagte der Mann.

Die zwei Kinder hatten aber vor Hunger auch nicht einschlafen können und hatten gehört, was die Stiefmutter zum Vater gesagt hatte. Gretel weinte bittere Tränen und sprach zu Hänsel: „Nun ist es um uns geschehen." „Still, Gretel", sprach Hänsel, „gräme dich nicht, ich will uns schon helfen." Und als die Alten eingeschlafen waren, stand er auf, zog sein Jäckchen an, machte die Hintertüre auf und schlich sich hinaus. Da schien der Mond ganz hell, und die weißen Kieselsteine, die vor dem Haus lagen, glänzten wie lauter silberne Taler. Hänsel bückte sich und steckte so viel in seine Jackentasche, wie nur hineingehen wollten. Dann schlich er zurück und sprach zu Gretel: „Sei getrost, liebes Schwesterchen, und schlaf nur ruhig ein, Gott wird uns nicht verlassen", und legte sich wieder in sein Bett.

Als der Tag anbrach, noch ehe die Sonne aufgegangen war, kam schon die Frau und weckte die beiden Kinder: „Steht auf, ihr Faulenzer, wir wollen in den Wald gehen und Holz holen." Dann gab sie jedem ein Stückchen Brot und sprach: „Da habt ihr etwas für den Mittag, aber eßt es nicht vorher auf, weiter kriegt ihr nichts!" Gretel nahm das Brot unter die Schürze, weil Hänsel die Steine in der Tasche hatte. Danach machten sie sich alle zusammen auf den Weg in den Wald. Als sie ein Weilchen gegangen waren, stand Hänsel still und guckte zum Haus zurück. Das tat er wieder und immer wieder. Der Vater sprach: „Hänsel, was guckst du da und bleibst zurück? Hab acht und vergiß deine Bei-

ne nicht." „Ach, Vater", sagte Hänsel, „ich sehe nach meinem weißen Kätzchen. Das sitzt oben auf dem Dach und will mir ade sagen." Die Frau sprach: „Narr, das ist nicht dein Kätzchen, das ist die Morgensonne, die auf den Schornstein scheint." Hänsel aber hatte nicht nach dem Kätzchen gesehen, sondern immer einen von den blanken Kieselsteinen aus seiner Tasche auf den Weg geworfen. Als sie mitten in den Wald gekommen waren, sprach der Vater: „Nun sammelt Holz, ihr Kinder, ich will ein Feuer anmachen, damit ihr nicht friert." Hänsel und Gretel trugen Reisig zusammen, einen kleinen Berg hoch. Der wurde angezündet, und als die Flamme recht hoch brannte, sagte die Frau: „Nun legt euch ans Feuer, ihr Kinder, und ruht euch aus! Wir gehen in den Wald und hauen Holz. Wenn wir fertig sind, kommen wir wieder und holen euch ab."

Hänsel und Gretel saßen am Feuer, und als der Mittag kam, aß jedes sein Stücklein Brot. Und weil sie die Schläge der Holzaxt hörten, glaubten sie, ihr Vater sei noch in der Nähe. Es war aber nicht die Holzaxt; es war ein Ast, den er an einen dürren Baum gebunden hatte, und den der Wind hin- und herschlug. Und als sie lange so gesessen hatten, fielen ihnen die Augen vor Müdigkeit zu, und sie schliefen fest ein. Als sie erwachten, war es schon finstere Nacht. Gretel fing an zu weinen und sprach: „Wie sollen wir nur aus dem Wald kommen?" Hänsel aber tröstete sie: „Warte nur ein Weilchen, bis der Mond aufgegangen ist, dann wollen wir den Weg schon finden." Und als der volle Mond aufgestiegen war, nahm Hänsel sein Schwesterchen an der Hand und ging den Kieselsteinen nach, die hell im Mondschein schimmerten und ihnen den Weg zeigten. Sie gingen die ganze Nacht hindurch und kamen bei anbrechendem Tag wieder zu ihres Vaters Haus. Sie klopften an die Tür, und als die Frau aufmachte und sah, daß es Hänsel und Gretel waren, sprach sie: „Ihr bösen Kinder, was habt ihr so lange im Walde geschlafen. Wir haben geglaubt, ihr wolltet gar nicht wiederkommen." Der Vater aber freute sich, denn es war ihm zu Herzen gegangen, daß er sie so allein zurückgelassen hatte.

Nicht lange danach war wieder Not in allen Ecken, und die Kinder hörten, wie die Stiefmutter nachts im Bette zu dem Vater sprach: „Alles ist wieder aufgezehrt, wir haben nur noch einen halben Laib Brot, danach hat das Lied ein Ende. Die Kinder müssen fort. Wir wollen sie tiefer in den Wald hineinführen, damit sie den Weg nicht wieder herausfinden; es gibt sonst keine Rettung für uns." Dem Mann wurde es schwer ums Herz, und er dachte, daß es besser wäre, den letzten Bissen mit den Kindern zu teilen. Aber die Frau hörte auf nichts, was er sagte, schalt ihn und machte ihm Vorwürfe. Wer A sagt, muß auch B sagen, und weil er das erste Mal nachgegeben hatte, so mußte er es auch zum zweitenmal tun.

Die Kinder waren aber noch wach gewesen und hatten das Gespräch mit angehört. Und als die Alten schliefen, stand Hänsel wieder auf, wollte hinaus und Kieselsteine auflesen, wie das vorige Mal, aber die Frau hatte die Tür verschlossen, und Hänsel konnte nicht heraus. Aber er tröstete sein Schwesterchen und sprach: „Weine nicht, Gretel, und schlaf nur ruhig, der liebe Gott wird uns schon helfen!"

Am frühen Morgen kam die Frau und holte die Kinder aus dem Bett. Sie erhielten ihr Stückchen Brot, das aber noch kleiner war als das vorige Mal. Auf dem Wege in den Wald bröckelte es Hänsel in der Tasche, stand oft still und warf ein Bröcklein auf die Erde. „Hänsel, was stehst du und guckst dich um?" fragte der Vater, „Geh deiner Wege." „Ich sehe nach meinem Täubchen. Das sitzt auf dem Dach und will mir ade sagen", antwortete Hänsel. „Narr", sagte die Frau, „das ist nicht dein Täubchen, das ist die Morgensonne, die auf den Schornstein oben scheint." Hänsel aber warf nach und nach alle Bröcklein auf den Weg.

Die Frau führte die Kinder noch tiefer in Wald, wo sie ihr Lebtag noch nicht gewesen waren. Es wurde wieder ein großes Feuer angemacht, und die Stiefmutter sagte: „Bleibt nur da sitzen, ihr Kinder, und wenn ihr müde seid, könnt ihr ein wenig schlafen. Wir gehen in den Wald und hauen Holz. Abends, wenn wir fertig sind, kommen wir und holen euch ab." Als es Mittag war, teilte Gretel ihr Brot mit Hänsel, der sein Stück auf den Weg gestreut hatte. Dann schliefen sie ein, und der Abend verging, aber niemand kam zu den armen Kindern. Sie erwachten erst in der finsteren Nacht. Hänsel tröstete sein Schwesterchen und sagte: „Wart nur, Gretel, bis der Mond aufgeht, dann werden wir die Brotbröcklein sehen, die ich ausgestreut habe, die zeigen uns den Weg nach Haus." Als der Mond kam, machten sie sich auf, aber sie fanden kein Bröcklein mehr, denn die vielen tausend Vögel, die im Walde und im Felde umherfliegen, hatten sie weggepickt. Hänsel sagte zu Gretel: „Wir werden den Weg schon finden. Aber sie fanden ihn nicht. Sie gingen die ganze Nacht und noch einen Tag bis zum Abend, aber sie kamen nicht aus dem Wald heraus. Sie waren sehr hungrig, denn sie hatten nichts zu essen als die paar Beeren, die im Wald wuchsen, und weil sie so müde waren, daß die Beine sie nicht mehr tragen wollten, legten sie sich unter einen Baum und schliefen ein.

Nun war es schon der dritte Morgen, seit sie ihres Vaters Haus verlassen hatten. Sie fingen wieder an zu gehen, aber sie kamen nur immer tiefer in den Wald hinein. Als es Mittag war, sahen sie ein schönes schneeweißes Vöglein auf einem Ast sitzen, das sang so schön, daß sie stehenblieben und ihm zuhörten. Dann schwang es seine Flügel und flog vor ihnen her, und sie gingen ihm nach. Da sahen sie, daß es sich auf ein Häuslein setzte, und als sie herankamen, merkten sie, daß das Häuslein ganz aus Brot und mit Kuchen gedeckt war, und die Fenster waren aus hellem Zucker. „Da wollen wir uns dran machen", sprach Hänsel, „und eine gute Mahlzeit halten. Ich will ein Stück vom Dach essen, iß du vom Fenster, das ist süß." Hänsel reichte in die Höhe und brach sich ein wenig vom Dach ab, um zu versuchen, wie es schmeckte, und Gretel stellte sich an die Scheiben und knusperte daran. Da rief eine feine Stimme aus der Stube heraus:

„Knusper, knusper, knäuschen,
wer knuspert an meinem Häuschen?"

Die Kinder antworteten:

„Der Wind, der Wind,
das himmlische Kind",

und aßen weiter, ohne sich irremachen zu lassen. Hänsel, dem das Dach sehr gut schmeckte, riß sich ein großes Stück davon herunter, und Gretel stieß eine ganze Fensterscheibe heraus, setzte sich nieder und ließ es sich schmecken. Da ging auf einmal die Türe auf, und eine steinalte Frau, die sich auf eine Krücke stützte, kam herausgeschlichen. Hänsel und Gretel erschraken so gewaltig, daß sie fallen ließen, was sie in den Händen hielten. Die Alte aber wackelte mit dem Kopf und sprach: „Ei, ihr lieben Kinder, wer hat euch hierher gebracht? Kommt nur herein und bleibt bei mir, ihr sollt es gut haben." Sie faßte beide an der Hand und führte sie in ihr Häuschen. Dort gab es gutes Essen: Milch und Pfannkuchen mit Zucker, Äpfel und Nüsse. Danach wurden zwei schöne Bettlein weiß bezogen, und Hänsel und Gretel legten sich hinein und meinten, sie wären im Himmel.

Die Alte hatte sich nur so freundlich gestellt, sie war aber eine böse Hexe, die Kindern, die sich im Wald verlaufen hatten, auflauerte. Und sie hatte das Brothäuslein bloß gebaut, um sie herbeizulocken. Wenn ein Kind in ihre Gewalt kam, so tötete sie es, kochte es und aß es. Das war dann immer ein Festtag für sie. Als Hänsel und Gretel sich dem Haus genähert hatten, hatte sie boshaft gelacht und höhnisch ausgerufen: „Die sollen mir nicht entwischen!" Frühmorgens, ehe die Kinder erwacht waren, stand sie schon auf, und als sie beide so lieblich ruhen sah, mit den vollen roten Backen, murmelte sie vor sich hin: „Das wird ein guter Bissen werden!" Dann packte sie Hänsel mit ihrer dürren Hand und trug ihn in einen kleinen Stall. Er mochte schreien, wie er wollte, es half ihm nichts. Sie sperrte ihn ein und schloß die Gittertür fest zu. Dann ging sie zu Gretel, rüttelte sie wach und rief: „Willst du wohl aufstehen, Faulenzerin, du sollst Wasser holen und deinem Bruder etwas Gutes kochen! Er sitzt im Stall und soll fett werden. Und wenn er fett ist, will ich ihn essen." Gretel fing an bitterlich zu weinen, aber es war alles vergeblich. Sie mußte tun, was die böse Hexe verlangte.

Nun wurde dem armen Hänsel das beste Essen gekocht, aber Gretel bekam nichts als Kartoffelschalen. Jeden Morgen schlich die Alte zu dem Ställchen und rief: „Hänsel, streck deine Finger heraus, damit ich fühle, ob du bald fett bist." Hänsel streckte ihr aber ein Knöchlein heraus, und die Alte, die trübe Augen hatte, konnte es nicht sehen und meinte, es wären Hänsels Finger. Sie verwunderte sich, daß er gar nicht fett werden wollte. Als vier Wochen herum waren und Hänsel immer noch mager blieb, wurde die Hexe ungeduldig und wollte nicht länger warten. „Heda, Gretel", rief sie dem Mädchen zu, „sei flink und trag Wasser! Hänsel mag fett oder mager sein, morgen will ich ihn schlachten und kochen." Ach, wie jammerte das arme Schwesterchen, als es das Was-

ser tragen mußte, und wie flossen ihm die Tränen die Backen herunter! „Lieber Gott, hilf uns doch", rief es aus, „hätten uns nur die wilden Tiere im Wald gefressen, so wären wir doch zusammen gestorben." „Spar nur dein Geplärre", sagte die Alte, „es hilft dir alles nichts!"

Frühmorgens mußte Gretel heraus und den Kessel mit Wasser aufhängen und Feuer anzünden. „Erst wollen wir backen", sagte die Alte, „ich habe den Backofen schon eingeheizt und Teig geknetet." Sie stieß die arme Gretel hinaus zu dem Backofen, aus dem die Feuerflammen schon herausschlugen. „Kriech hinein", sagte die Hexe, „und sieh zu, ob recht eingeheizt ist, damit wir das Brot hineinschieben können." Die Hexe hatte aber vor, die Ofentür hinter Gretel zuzuschlagen, um sie zu braten und dann auch aufzuessen. Doch Gretel bemerkte, was die böse Hexe im Sinn hatte, und sprach: „Ich weiß nicht, wie ich's machen soll, in den Ofen hineinzukommen." „Dumme Gans", sagte die Alte, „die Öffnung ist groß genug! Sieh her, ich könnte selbst hineinkriechen!" Dabei steckte sie den Kopf ein Stückchen in den Backofen hinein. Darauf hatte

Gretel nur gewartet. Sie gab der Hexe einen Stoß, daß sie weit in den Ofen hineinflog, schlug die eiserne Tür zu und schob den Riegel vor. Hu! Da fing die Hexe ganz grauselig an zu heulen. Aber Gretel lief fort, und die gottlose Hexe mußte elendiglich verbrennen.

Gretel aber lief schnurstracks zum Hänsel, öffnete sein Ställchen und rief: „Hänsel, wir sind erlöst, die alte Hexe ist tot!" Da sprang Hänsel heraus, wie ein Vogel aus dem Käfig, wenn man ihm die Türe aufmacht. Wie haben sich die Kinder gefreut, sind herumgesprungen und haben sich geküßt! Und weil sie sich nicht mehr zu fürchten brauchten, gingen sie in das Haus der Hexe hinein. Da standen in allen Ecken Kästen mit Perlen und Edelsteinen. „Die sind noch besser als Kieselsteine", sagte Hänsel und steckte in seine Taschen, was hinein wollte, und Gretel sagte: „Ich will auch etwas mit nach Haus bringen", und füllte sich sein Schürzchen voll. „Aber jetzt wollen wir fort", sagte Hänsel, „damit wir aus dem Hexenwald herauskommen." Als sie aber ein paar Stunden gegangen waren, kamen sie an ein großes Wasser. „Wir können nicht hinüber", sprach Hänsel, „ich sehe keinen Steg und keine Brücke." „Es kommt auch kein Schiffchen", antwortete Gretel, „aber da schwimmt eine weiße Ente, Wenn ich die bitte, so hilft sie uns bestimmt hinüber." Da rief sie:

„Entchen, Entchen, Gänsel,
hier stehn Gretel und Hänsel.
Kein Steg und keine Brücken,
nimm uns auf deinen weißen Rücken!"

Das Entchen kam auch heran, Hänsel setzte sich auf seinen Rücken und bat sein Schwesterchen, sich zu ihm zu setzen. „Nein", antwortete Gretel, „es wird dem Entchen zu schwer, es soll uns nacheinander hinüberbringen." Das tat das gute Tierchen, und als sie glücklich drüben waren und ein Weilchen weitergingen, kam ihnen der Wald immer bekannter und immer bekannter vor, und endlich erblickten sie von weitem ihres Vaters Haus. Da fingen sie an zu laufen, stürzten in die Stube hinein und fielen ihrem Vater um den Hals. Der Mann hatte keine frohe Stunde gehabt, seitdem er die Kinder im Walde verlassen hatte, die Frau aber war gestorben. Gretel schüttete sein Schürzchen aus, daß die Perlen und Edelsteine in der Stube herumsprangen, und Hänsel warf eine Handvoll nach der andern aus seiner Tasche dazu. Da hatten alle Sorgen ein Ende, und sie lebten in lauter Freude zusammen.

Brüderchen und Schwesterchen

Kleine Märchenkunde

Wie in Hänsel und Gretel *machen Kinder auch hier die Erfahrung des Ausgestoßenseins aus der vertrauten menschlichen Umwelt und der Begegnung mit einer zauberischen, furchterregenden Fremde, die im deutschen Märchen immer irgendwo im Wald angesiedelt ist. Anders als heute, da der Wald Wirtschaftsfaktor ist und Freizeitwert besitzt, war er in der Zeit, in der Märchen noch von Mund zu Mund weitergegeben wurden, der Ort der Gefahr schlechthin: Durch ihn mußte man auf unwegsamen Pfaden hindurch, konnte bei einem Unfall mit Pferd und Wagen keine Hilfe in Anspruch nehmen, man war bedroht von Hunger, lief im Winter Gefahr zu erfrieren und hatte stets Angst, von Räubern überfallen und beraubt zu werden. Was Wunder, daß der Wald auch zum Ort der Bedrohung durch das Übersinnliche wurde. Dieses verkörpert sich bei* Brüderchen und Schwesterchen *in Gestalt der Bäche, die beschwörend ihre Zaubersprüche murmeln und denen Brüderchen trotz alledem nicht widerstehen kann.*
Zur Herkunft des Märchens merken die Brüder Grimm an: „Nach zwei Erzählungen aus den Maingegenden, die sich vervollständigen; in der einen fehlt der Umstand, daß das Hirschlein in die Jagd hineinspringt und den König durch seine Schönheit lockt. Nach einer anderen Überlieferung, die uns H. R. v. Schröter mitgeteilt hat, ist das Brüderchen von der Stiefmutter in ein Rehkalb verwandelt und wird von ihren Hunden gehetzt." Die von Schröter mitgeteilte Variante stammte aus Mecklenburg.

Brüderchen nahm sein Schwesterchen an der Hand und sprach: „Seit die Mutter tot ist, haben wir keine gute Stunde mehr; die Stiefmutter schlägt uns alle Tage, und wenn wir zu ihr kommen, stößt sie uns mit den Füßen fort. Die harten Brotkrusten, die übrigbleiben, sind unsere Speise, und dem Hündlein unter dem Tisch geht's besser, dem wirft sie doch manchmal einen guten Bissen zu. Daß Gott erbarm, wenn das unsere Mutter wüßte! Komm, wir wollen miteinander in die weite Welt gehen." Sie gingen den ganzen Tag über Wiesen, Felder und Steine, und wenn es regnete, sprach das Schwesterchen: „Gott und unsere Herzen, die weinen zusammen!" Abends kamen sie in einen großen Wald und waren so müde von Jammer, Hunger und dem langen Weg, daß sie sich in einen hohlen Baum setzten und einschliefen.

Am anderen Morgen, als sie aufwachten, stand die Sonne schon hoch am Himmel und schien heiß in den Baum hinein. Da sprach das Brüderchen: „Schwesterchen, mich dürstet, wenn ich ein Brünnlein wüßte, ich ging und tränk einmal; ich mein, ich hörte eins rauschen." Brüderchen stand auf, nahm Schwesterchen an der Hand, und sie wollten das Brünnlein suchen. Die böse Stiefmutter aber war eine Hexe und hatte wohl gesehen, daß die beiden Kinder fortgegangen waren, war ihnen nachgeschlichen, heimlich, wie die Hexen schleichen, und hatte alle Brunnen im Walde verwünscht. Als sie nun ein Brünnlein fanden, das so glitzerig über die Steine sprang, wollte das Brüderchen daraus trinken. Aber das Schwesterchen hörte, wie es im Rauschen sprach: „Wer aus mir trinkt, wird ein Tiger; wer aus mir trinkt, wird ein Tiger." Da rief das Schwesterchen: „Ich bitte dich, Brüderchen, trink nicht, sonst wirst du ein wildes Tier und zerreißt mich!" Das Brüderchen trank nicht, obgleich es so großen Durst hatte und sprach: „Ich will warten bis zur nächsten Quelle." Als sie zum zweiten Brünnlein kamen, hörte das Schwesterchen, wie auch dieses sprach: „Wer aus mir trinkt, wird ein Wolf; wer aus mir trinkt, wird ein Wolf." Da rief das Schwesterchen: „Brüderchen, ich bitte dich, trink nicht, sonst wirst du ein Wolf und frißt mich!" Das Brüderchen trank nicht und sprach: „Ich will warten, bis wir zur nächsten Quelle kommen. Aber dann muß ich trinken, du magst sagen, was du willst. Mein Durst ist gar zu groß." Und als sie zum dritten Brünnlein kamen, hörte das Schwesterchen, wie es im Rauschen sprach: „Wer aus mir trinkt, wird ein Reh; wer aus mir trinkt, wird ein Reh." Das Schwesterchen sprach: „Ach Brüderchen, ich bitte dich, trink nicht, sonst wirst du ein Reh und läufst mir fort." Aber das Brüderchen hatte sich schon am Brünnlein niedergekniet, hinabgebeugt und von dem Wasser getrunken, und wie die ersten Tropfen auf seine Lippen gekommen waren, lag es da als ein Rehkälbchen.

Nun weinte das Schwesterchen über das arme verwünschte Brüderchen, und das Rehchen weinte auch und saß so traurig neben ihm. Da sprach das Mädchen endlich: „Sei still, liebes Rehchen, ich will dich ja nimmermehr verlassen!" Dann band es sein goldenes Strumpfband ab und legte es dem Rehchen um den Hals, rupfte Binsen und flocht ein weiches Seil daraus. Daran band es das Tierchen und führte es weiter, und sie gingen immer tiefer in den Wald hinein. Und als sie lange gegangen waren, kamen sie endlich an ein kleines Haus. Das Mädchen schaute hinein, und weil es leer war, dachte es: „Hier können wir bleiben und wohnen." Da suchte es dem Rehchen Laub und Moos zu einem weichen Lager, und jeden Morgen ging es aus und sammelte sich Wurzeln, Beeren und Nüsse, und für das Rehchen brachte es zartes Gras mit. Das fraß es ihm aus der Hand und war vergnügt und spielte vor ihm herum. Abends, wenn Schwesterchen müde war und sein Gebet gesagt hatte, legte es seinen Kopf auf den Rücken des Rehkälbchens. Das war sein Kissen, darauf es sanft einschlief. Und hätte das Brüderchen nur seine menschliche Gestalt gehabt, so wäre es ein herrliches Leben gewesen.

Nun lebten sie eine Zeitlang ganz allein in der Wildnis. Da trug es sich zu, daß der König des Landes eine große Jagd im Wald abhielt. Da schallte das Hörnerblasen, Hundegebell und das lustige Geschrei der Jäger, und das Rehlein hörte es und wäre gar zu gerne dabei gewesen. „Ach", sprach es zum Schwesterchen, „laß mich hinaus in die Jagd, ich kann es nicht länger aushalten!" und bat so lange, bis das Schwesterchen einwilligte. „Aber", sprach es zu ihm, „komm mir ja abends wieder. Vor den wilden Jägern schließ ich meine Tür zu, und damit ich dich erkenne, so klopf und sprich: ‚Mein Schwesterlein, laß mich herein!' Und wenn du nicht so sprichst, so schließ ich mein Türlein nicht auf." Nun sprang das Rehchen hinaus, und es war ihm so wohl und lustig in der freien Luft. Der König und seine Jäger sahen das schöne Tier und setzten ihm nach, aber sie konnten es nicht einholen. Und wenn sie meinten, sie hätten es gewiß, da sprang es über das Gebüsch weg und war verschwunden. Als es dunkel wurde, lief es zum Häuschen, klopfte und sprach: „Mein Schwesterlein, laß mich herein." Da wurde ihm die kleine Tür aufgetan, es sprang hinein und ruhte sich die ganze Nacht auf seinem weichen Lager aus. Am andern Morgen ging die Jagd von neuem an, und als das Rehlein wieder das Jagdhorn hörte und das ho, ho! der Jäger, da hatte es keine Ruhe und sprach: „Schwesterchen, mach mir auf, ich muß hinaus." Das Schwesterchen öffnete ihm die Tür und sprach: „Aber am Abend mußt du wieder da sein und dein Sprüchlein sagen!" Als der König und seine Jäger das Rehlein mit dem goldenen Halsband wieder sahen, jagten sie ihm alle nach, aber es war ihnen zu schnell und behend. Das währte den ganzen Tag. Endlich aber hatten es die Jäger abends umzingelt, und einer verwundete es ein wenig am Fuß, so daß es hinken mußte und nur langsamer fortlaufen konnte. Da schlich ihm ein Jäger nach bis zu dem Häuschen und hörte, wie es rief: „Mein Schwesterlein, laß mich herein!" und sah, daß ihm die Tür aufgetan und alsbald wieder zugeschlossen wurde. Der Jäger behielt das alles wohl im Sinn, ging zum König und erzählte ihm, was er gesehen und gehört hatte. Da sprach der König: „Morgen soll noch einmal gejagt werden."

Das Schwesterchen aber war recht erschrocken, als das Rehkälbchen verwundet hereinkam. Es wusch ihm das Blut ab, legte Kräuter auf und sprach: „Geh auf dein Lager, liebes Rehchen, daß du wieder gesund wirst." Die Wunde aber war so gering, daß das Rehchen am Morgen nichts mehr davon spürte, und als es die Jagdlust wieder draußen hörte, sprach es: „Ich kann's nicht aus-

halten, ich muß dabei sein; so bald soll mich auch keiner kriegen." Das Schwesterchen weinte und sprach: „Nun werden sie dich töten, ich laß dich nicht hinaus!" „So sterb ich dir hier vor Betrübnis, wenn du mich abhältst", antwortete das Rehchen, „wenn ich das Jagdhorn höre, so meine ich, ich müßte aus den Schuhen springen!" Da konnte das Schwesterchen nicht anders und schloß ihm mit schwerem Herzen die Tür auf, und das Rehchen sprang gesund und fröhlich in den Wald. Als es der König erblickte, sprach er zu seinen Jägern: „Nun jagt ihm nach den ganzen Tag bis in die Nacht, aber daß ihm keiner etwas zuleide tut." Als die Sonne untergegangen war, sprach der König zum Jäger: „Nun komm und zeige mir das Waldhäuschen." Und als er vor dem Türlein war, klopfte er an und rief: „Lieb Schwesterlein, laß mich herein!" Da ging die Tür auf, und der König trat hinein. Da stand ein Mädchen, das war so schön, wie er noch keins gesehen hatte. Das Mädchen aber war erschrocken, daß nicht sein Rehlein,

sondern ein König mit goldener Krone hereingekommen war. Aber der König sah es freundlich an, reichte ihm die Hand und sprach: „Willst du mit mir gehen auf mein Schloß und meine liebe Frau werden?" „Ach ja," antwortete das Mädchen, „aber mein Rehchen muß auch mit, das verlaß ich nicht!" Da sprach der König: „Es soll bei dir bleiben, so lange du lebst, und es soll ihm an nichts fehlen." Indem kam das Reh hereingesprungen. Da band es das Schwesterchen wieder an das Binsenseil, nahm es selbst in die Hand und ging mit ihm zum Waldhäuschen hinaus.

Der König führte das schöne Mädchen in sein Schloß, wo die Hochzeit mit großer Pracht gefeiert wurde. Nun war das Schwesterchen die Königin, und sie lebten lange Zeit glücklich zusammen. Das Rehlein wurde gehegt und gepflegt und sprang in dem Schloßgarten herum. Die böse Stiefmutter aber, um derentwillen die Kinder in die Welt hineingegangen waren, meinte nicht anders, als Schwesterchen wäre von den wilden Tieren im Walde zerrissen worden und Brüderchen als ein Rehkalb von den Jägern totgeschossen. Als sie nun hörte, daß sie so glücklich waren und es ihnen so wohl ging, da wurden Neid und Mißgunst in ihrem Herzen wach und zwickten und nagten daran, und sie hatte keinen andern Gedanken, als die beiden doch noch ins Unglück zu bringen. Ihre richtige Tochter, die häßlich war wie die Nacht und nur ein Auge hatte, machte ihr Vorwürfe und sprach: „Das Glück, eine Königin zu werden, hätte mir gebührt." „Sei nur still", sagte die Alte und beruhigte sie, „wenn's Zeit ist, will ich schon bei der Hand sein." Als nun die Zeit herangerückt war, die Königin ein schönes Knäblein zur Welt

gebracht
hatte, und der
König gerade auf
der Jagd war, nahm
die alte Hexe die Gestalt
der Kammerfrau an, trat in die
Stube, wo die Königin lag, und sprach
zu der Kranken: „Komm, das Bad ist fertig, das soll dir wohltun und dich stärken. Geschwind, eh es kalt wird!" Ihre Tochter war auch bei der Hand, und sie trugen die schwache Königin in die Badestube, legten sie in die Wanne, gingen schnell fort und schlossen die Tür ab. In der Badestube aber hatten sie ein rechtes Höllenfeuer angemacht, damit die schöne junge Königin bald ersticken sollte.

Als das geschehen war, nahm die Alte ihre Tochter, setzte ihr eine Haube auf und legte sie ins Bett der Königin. Sie gab ihr auch die Gestalt und das Aussehen der Königin, nur das verlorene Auge konnte sie ihr nicht wiedergeben. Damit es aber der König nicht merkte, mußte sie sich auf die Seite legen, auf der sie kein Auge hatte. Am Abend, als der König heimkam und hörte, daß ihm ein Söhnlein geboren war, freute er sich herzlich und wollte ans Bett zu seiner lieben Frau gehen, um nachzusehen, wie es ihr gehe. Da rief die Alte geschwind:

„Beileibe, laßt die Vorhänge zu, die Königin darf noch nicht ins Licht sehen und muß Ruhe haben!" Der König trat zurück und wußte nicht, daß eine falsche Königin im Bett lag.

Als es aber Mitternacht war und alles schlief, da sah die Kinderfrau, die in der Kinderstube neben der Wiege saß und allein noch wachte, wie die Türe aufging und die rechte Königin hereintrat. Sie nahm das Kind aus der Wiege, legte es in ihren Arm und gab ihm zu trinken. Dann schüttelte sie ihm sein Kißchen auf, legte es wieder hinein und deckte es mit dem Deckbettchen zu. Sie vergaß auch das Rehchen nicht, ging in die Ecke, wo es lag, und streichelte ihm über den Rücken. Darauf ging sie ganz still wieder zur Türe hinaus. Die Kinderfrau fragte am anderen Morgen die Wächter, ob jemand während der Nacht ins Schloß gekommen sei, aber sie antworteten: „Nein, wir haben niemand gesehen." So kam sie viele Nächte und sprach niemals ein Wort dabei. Die Kinderfrau sah sie immer, aber sie getraute sich nicht, jemand etwas davon zu sagen.

Als nun so eine Zeit verflossen war, fing die Königin in der Nacht an zu reden und sprach:

„Was macht mein Kind? Was macht mein Reh?
Nun komm ich noch zweimal und dann nimmermehr."

Die Kinderfrau antwortete ihr nicht, aber als sie wieder verschwunden war, ging sie zum König und erzählte ihm alles. Da sprach der König: „Ach Gott, was ist das! Ich will in der nächsten Nacht bei dem Kinde wachen." Abends ging er auch in die Kinderstube, und um Mitternacht erschien die Königin wieder und sprach:

„Was macht mein Kind? Was macht mein Reh?
Nun komm ich noch einmal und dann nimmermehr."

Dann pflegte sie das Kind, wie sie es immer tat, ehe sie verschwand. Der König getraute sich nicht, sie anzureden; aber die folgende Nacht wachte er wieder, da kam die Königin abermals und sprach:

„Was macht mein Kind? Was macht mein Reh?
Nun komm ich noch diesmal und dann nimmermehr."

Da konnte sich der König nicht zurückhalten, sprang zu ihr und sprach: „Du kannst niemand anders sein als meine liebe Frau." Da antwortete sie: „Ja, ich bin deine liebe Frau", und erhielt im selben Augenblick durch Gottes Gnade das Leben wieder und war frisch und gesund. Darauf erzählte sie dem König die Untat, die die böse Hexe und ihre Tochter an ihr begangen hatten. Der König ließ beide vor Gericht führen, und sie wurden verurteilt: Die Tochter wurde in den Wald geführt, wo sie die wilden Tiere zerrissen. Die Hexe aber wurde ins Feuer gelegt und mußte jammervoll verbrennen. Und als sie verbrannt war, wurde auch das Rehkälbchen von dem bösen Zauber erlöst und erhielt seine menschliche Gestalt wieder; Schwesterchen und Brüderchen aber lebten glücklich zusammen bis an ihr Ende.

Rotkäppchen

Kleine Märchenkunde

„Die scheinbar so harmlose Rotkäppchen-Erzählung, die seit dem 19. Jahrhundert eine solch ungeheure Verbreitung durch Märchenauswahlen, Schulbücher, Stücke fürs Kindertheater, Heftchen, Bilderbogen und seit einigen Jahrzehnten durch Film, Funk, Fernsehen und Tonträger gefunden hat, hat es in sich". (Walter Scherf) Wieso? Da sind zunächst einmal die Psychologen, die in der uns harmlos erscheinenden Kindererzählung eine symbolische Verführungsgeschichte sehen, die, mit dem Wolf als Verführer, im Bett endet. Und tatsächlich bezeichnet man im englischsprachigen Raum, in dem dieses Märchen ebenfalls sehr bekannt ist, einen lüsternen Mann als Wolf.

Die einen haben in dem roten Käppchen ein Symbol des Sonnenaufgangs sehen wollen und in Rotkäppchen die Göttin der Morgenröte; für andere ist die Farbe der Kappe Zeichen der ersten Menstruation. Ganze Bücher ließen sich mit Deutungsversuchen füllen, weitere mit Rotkäppchen-Parodien bis hin zum „Radkäppchen und dem bösen Golf"*. Sehr amüsante Zusammenstellungen solcher Parodien haben jüngst Hans Ritz (*Die Geschichte vom Rotkäppchen*, Emstal 1981) und Heinrich E. Kühleborn (*Rotkäppchen und die Wölfe*, Frankfurt/Main 1982) veröffentlicht.*

In ausländischen Spielarten des Märchens endet die Geschichte häufig mit dem Gefressenwerden, was zur Annahme führte, daß es sich hier um ein sogenanntes Schreckmärchen handelt, das Kinder davor warnen soll, nicht vom rechten Weg abzugehen. Allerdings gibt es auch eine deutsche Variante, eine Sage aus dem Schwarzwald, wo das Mädchen von dem grausamen Wolf gefressen wird. Sie kann, aus psychologischer Sicht, auch als Geschichte eines Lustmordes ausgelegt werden.

Es war einmal ein kleines süßes Mädchen, das hatte jedermann lieb, der es nur ansah, am allerliebsten aber seine Großmutter, die wußte gar nicht, was sie dem Kind alles geben sollte. Einmal schenkte sie ihm ein Käppchen von rotem Samt, und weil ihm das so gut stand und es nichts anderes mehr tragen wollte, hieß es nur das Rotkäppchen. Da sagte einmal seine Mutter zu ihm: „Komm, Rotkäppchen, da hast du ein Stück Kuchen und eine Flasche Wein. Das bring der Großmutter hinaus; sie ist krank und schwach und wird sich daran laben. Sei aber hübsch artig und grüße sie von mir, geh auch ordentlich

und lauf nicht vom Weg ab, sonst fällst du und zerbrichst das Glas! Dann hat die kranke Großmutter nichts."

Rotkäppchen sagte: „Ich will schon alles gut ausrichten", und gab der Mutter die Hand darauf. Die Großmutter aber wohnte draußen im Wald, eine halbe Stunde vom Dorf. Als nun Rotkäppchen in den Wald kam, begegnete ihm der Wolf. Rotkäppchen aber wußte nicht, was das für ein böses Tier war, und fürchtete sich nicht vor ihm. „Guten Tag, Rotkäppchen", sprach er. „Schönen Dank, Wolf." „Wohin so früh des Weges, Rotkäppchen?" „Zur Großmutter." „Was trägst du unter der Schürze?" „Kuchen und Wein; gestern haben wir gebacken, da soll sich die kranke und schwache Großmutter etwas zugute tun und sich damit stärken." „Rotkäppchen, wo wohnt deine Großmutter?" „Noch eine gute Viertelstunde weiter im Wald, unter den drei großen Eichbäumen, da steht ihr Haus; unten sind die Nußhecken, das wirst du ja wissen", sagte Rotkäppchen. Der Wolf dachte bei sich: „Das junge zarte Mädchen, das ist ein guter Bissen für dich. Du mußt es listig anfangen, damit du ihn dir schnappst." Deshalb ging er ein Weilchen neben Rotkäppchen her. Dann sprach er: „Rotkäppchen, sieh einmal die schönen Blumen, die ringsumher stehen. Warum guckst du nicht um dich? Ich glaube, du hörst gar nicht, wie die Vöglein so lieblich singen? Du gehst ja einher, als wenn du zur Schule gingst, und dabei ist es so lustig hier draußen im Wald."

Rotkäppchen blickte um sich, und als es sah, wie die Sonnenstrahlen durch die Bäume hin-und hersprangen und alles voll schöner Blumen stand, dachte es: „Ich will der Großmutter einen frischen Strauß mitbringen. Der wird ihr große Freude machen. Es ist ja noch früh, so daß ich zur rechten Zeit ankomme." Dann sprang es in den Wald und suchte Blumen. Und wenn es eine gepflückt hatte, meinte es, weiter hinaus stände eine noch schönere, und lief hin und geriet immer tiefer in den Wald hinein. Der Wolf aber ging geradewegs zum Haus der Großmutter und klopfte an die Türe. „Wer ist draußen?" „Ich bin's, Rotkäppchen, und bringe dir Kuchen und Wein, mach auf!" „Drück nur auf die Klinke", rief die Großmutter, „ich bin zu schwach und kann nicht aufstehen." Der Wolf drückte auf die Klinke, trat hinein und ging, ohne ein Wort zu sprechen, schnurstracks an das Bett der Großmutter und verschlang sie. Dann nahm er ihre Kleider, schlüpfte hinein, setzte ihre Haube auf, legte sich in ihr Bett und zog die Vorhänge vor.

Rotkäppchen aber hatte inzwischen so viele Blumen gepflückt, daß es keine mehr tragen konnte. Da fiel ihm die Großmutter wieder ein, und es machte sich auf den Weg zu ihr. Es wunderte sich, daß die Türe offenstand, und wie es in die Stube trat, da kam es ihm so seltsam darin vor, daß es dachte: „Ei, du mein Gott, wie ängstlich wird mir's heute zu Mut, und ich bin sonst so gerne bei der Großmutter!" Darauf ging es zum Bett und zog die Vorhänge zurück. Da lag die Großmutter und hatte die Haube tief ins Gesicht gezogen und sah so wunderlich aus. „Ei, Großmutter, was hast du für große Ohren!" „Daß ich dich besser hören kann." „Ei, Großmutter, was hast du für große Augen!" „Daß ich dich besser sehen kann." „Ei, Großmutter, was hast du für große Hände!" „Daß ich dich besser packen kann." „Aber, Großmutter, was hast du für ein entsetzlich

großes Maul." „Daß ich dich besser fressen kann." Und als der Wolf das gesagt hatte, sprang er aus dem Bett auf das arme Rotkäppchen zu und verschlang es.

Als der Wolf nun seinen Hunger gestillt hatte, legte er sich wieder ins Bett, schlief ein und fing an, laut zu schnarchen. Der Jäger ging eben vorbei und dachte bei sich: „Wie kann die alte Frau so schnarchen. Du mußt einmal nachsehen, ob ihr etwas fehlt." Da trat er in die Stube, und als er vor das Bett kam, lag der Wolf darin. „Hab ich dich endlich?" sagte er, „Ich hab dich lange gesucht." Er wollte schon seine Büchse anlegen, doch da fiel ihm ein, der Wolf könnte die Großmutter gefressen haben, und sie wäre noch zu retten. Er schoß nicht, sondern nahm eine Schere und fing an, dem schlafenden Wolf den Bauch aufzuschneiden. Wie er ein paar Schnitte getan hatte, sah er das rote Käppchen leuchten, und noch ein paar Schnitte, da sprang das Rotkäppchen heraus und rief: „Ach, wie war ich erschrocken, was war es so dunkel in dem Bauch vom Wolf." Und dann kam die alte Großmutter auch noch lebendig heraus und konnte kaum atmen. Rotkäppchen aber holte geschwind große Steine, damit füllten sie dem Wolf den Leib, und wie er aufwachte, wollte er fortspringen, aber die Steine waren so schwer, daß er gleich niedersank und sich totfiel.

Da waren alle drei vergnügt. Der Jäger zog dem Wolf den Pelz ab und ging damit heim, die Großmutter aß den Kuchen und trank den Wein, den Rotkäppchen mitgebracht hatte, und erholte sich, Rotkäppchen aber dachte: „Du willst dein Lebtag nicht wieder allein vom Weg ab in den Wald laufen, wenn dir's die Mutter verboten hat."

Der Wolf und die sieben jungen Geißlein

Kleine Märchenkunde

Menschen spielen im Märchen nicht immer eine Rolle. Manchmal bleiben die Tiere auch ganz unter sich, so zum Beispiel oft in afrikanischen Erzählungen. In solchen Erzählungen tragen die Tiere jedoch menschliche Züge, sie sprechen, handeln und fühlen wie Menschen, vergleichbar den Darstellern in Fabeln. Da es sich aber um Märchen handelt, nimmt man einen sprechenden Wolf für bare Münze und wundert sich nicht einmal, geschweige denn darüber, daß er von Ziegen verstanden wird. Auch daß Kreide die Stimme sanfter und höher macht, wird als selbstverständlich hingenommen.
Der große Märchenforscher Max Lüthi hat den Begriff der „Allverbundenheit" geprägt, der besagt, daß Märchenfiguren, besonders die Helden, mit allem und jedem in Verbindung treten können, ohne daß es ihnen seltsam vorkommt: mit redenden Wölfen und Geißen, Drachen, Lindwürmern, Riesen, Hexen und Zauberern, hilfreichen Ameisen und vielen anderen mehr. Ganz selbstverständlich begegnen sich hier ansonsten völlig getrennte Welten und reagieren aufeinander — und das gibt es nur im Märchen.
Wie die meisten Märchen in diesem Buch wird auch dieses nicht nur bei uns, sondern in weiten Teilen der Welt erzählt: in allen Ländern Europas, Asiens, Afrikas und Amerikas, also auch in ganz verschiedenen Kulturen.

Es war einmal eine alte Geiß, die hatte sieben junge Geißlein, und sie hatte sie lieb, wie eine Mutter ihre Kinder lieb hat. Eines Tages wollte sie in den Wald gehen und Futter holen. Da rief sie alle sieben herbei und sprach: „Liebe Kinder, ich will hinaus in den Wald, seid auf eurer Hut vor dem Wolf. Wenn er hereinkommt, so frißt er euch alle mit Haut und Haar. Er verstellt sich oft, aber an seiner rauhen Stimme und an seinen schwarzen Füßen werdet ihr ihn erkennen." Die Geißlein sagten: „Liebe Mutter, wir wollen uns schon in acht nehmen, du kannst ohne Sorge fortgehen. Da machte sich die Alte getrost auf den Weg.

Es dauerte nicht lange, da klopfte jemand an die Haustür und rief: „Macht auf, ihr lieben Kinder, eure Mutter ist da und hat jedem von euch etwas mitgebracht." Aber die Geißlein hörten an der rauhen Stimme, daß es der Wolf war. „Wir machen nicht auf!" riefen sie, „Du bist unsere Mutter nicht, die hat eine feine und liebliche Stimme, aber deine Stimme ist rauh. Du bist der Wolf!" Da ging der Wolf fort zu einem Krämer und kaufte sich ein großes Stück Kreide. Die aß er auf und machte damit seine Stimme fein. Dann kam er zurück, klopfte an die Haustür und rief: „Macht auf, ihr lieben Kinder, eure Mutter ist da und hat jedem von euch etwas mitgebracht." Aber der Wolf hatte seine schwarzen Pfoten in das Fenster gelegt, das sahen die Kinder und riefen: „Wir machen nicht auf, unsere Mutter hat keinen schwarzen Fuß wie du, du bist der Wolf!" Da lief der Wolf zu einem Bäcker und sprach: „Ich habe mich an den Fuß gestoßen, streich mir Teig darüber." Dann lief er zum Müller und sprach: „Streu mir weißes Mehl auf meine Pfote." Der Müller dachte: „Der Wolf will jemanden betrügen", und weigerte sich. Aber der Wolf sprach: „Wenn du nicht tust, was ich verlange, so fresse ich dich." Da fürchtete sich der Müller und machte ihm die Pfote weiß. Ja, so sind die Menschen.

Nun ging der Bösewicht zum drittenmal zu der Haustüre, klopfte an und sprach: „Macht mir auf, Kinder, euer liebes Mütterchen ist heimgekommen und hat jedem von euch etwas aus dem Walde mitgebracht." Die Geißlein riefen: „Zeig uns erst deine Pfote, damit wir wissen, ob du unser liebes Mütterchen bist." Da legte er die Pfote ins Fenster, und als sie sahen, daß sie weiß war, so glaubten sie, es wäre alles wahr, und machten die Türe auf. Wer aber hereinkam, das war der Wolf! Sie erschraken und wollten sich verstecken. Das eine sprang unter den Tisch, das zweite ins Bett, das dritte in den Ofen, das vierte in die Küche, das fünfte in den Schrank, das sechste unter die Waschschüssel, das siebente in den Kasten der Wanduhr. Aber der Wolf fand sie alle und machte nicht langes Federlesen. Eins nach dem andern schluckte er in seinen Rachen hinunter. Nur das jüngste in dem Uhrkasten, das fand er nicht. Als der Wolf nun

seinen Hunger gestillt hatte, trollte er sich fort, legte sich draußen auf der grünen Wiese unter einen Baum und fing an zu schlafen.

Nicht lange danach kam die alte Geiß aus dem Walde wieder heim. Ach, was mußte sie da erblicken! Die Haustüre stand sperrangelweit offen, Tisch, Stühle und Bänke waren umgeworfen, die Waschschüssel lag in Scherben, Decke und Kissen waren aus dem Bett gezogen. Sie suchte ihre Kinder, aber

nirgends
waren sie zu finden. Sie rief sie nacheinander beim Namen. Aber keins gab Antwort, bis sie an das jüngste kam, das rief: „Liebe Mutter, ich stecke im Uhrkasten", sprang heraus und erzählte ihr, was geschehen war, daß der Wolf gekommen sei und die andern alle gefressen hätte. Da könnt ihr denken, wie sie über ihre armen Kinder geweint hat.

Endlich ging sie in ihrem Jammer hinaus, und das jüngste Geißlein lief mit. Und als sie auf die Wiese kamen, lag da der Wolf unter dem Baum und schnarchte, daß die Äste zitterten. Sie betrachteten ihn von allen Seiten und sahen, daß sich in seinem angefüllten Bauch etwas regte und zappelte. „Ach Gott", dachte die Mutter, „sollten meine armen Kinder, die er zum Abendbrot hinuntergewürgt hat, noch am Leben sein?" Da mußte das Geißlein nach Haus laufen und Schere, Nadel und Zwirn holen. Dann schnitt sie dem Ungetüm den Wanst auf. Und kaum hatte sie einen Schnitt getan, so streckte schon ein Geißlein den Kopf heraus, und als sie weiter schnitt, so sprangen nacheinander alle sechse heraus. Sie waren noch alle am Leben und hatten nicht einmal Schaden gelitten, denn der Wolf hatte sie in seiner Gier ganz hinuntergeschluckt. Was war das für eine Freude! Da herzten sie ihre liebe Mutter und hüpften wie ein Schneider, der Hochzeit hält. Die Alte aber sagte: „Jetzt geht und sucht Wackersteine. Damit wollen wir dem gottlosen Tier den Bauch füllen, so lange es noch im Schlafe liegt." Da schleppten die sieben Geißlein in aller Eile die Steine herbei und steckten dem Wolf so viele in den Bauch, wie nur hinein wollten. Dann nähte ihn die Alte in aller Eile wieder zu, damit er nicht aufwache. Aber er schnarchte laut weiter und regte sich nicht.

Als der Wolf endlich ausgeschlafen hatte, machte er sich auf die Beine, und weil er so großen Durst empfand, wollte er zu einem Brunnen gehen und trinken. Als er aber anfing sich zu bewegen, rappelten die Steine in seinem Bauch aneinander. Da rief er:

„Was rumpelt und pumpelt
in meinem Bauch herum?
Ich meinte, es wären sechs Geißlein,
es klingt aber wie lauter Wackersteine!"

Und als er an den Brunnen kam und sich über das Wasser beugte und trinken wollte, da zogen ihn die schweren Steine hinein, und er mußte jämmerlich ersaufen. Als die sieben Geißlein das sahen, kamen sie herbeigelaufen und riefen laut: „Der Wolf ist tot! Der Wolf ist tot!" und tanzten mit ihrer Mutter vor Freude um den Brunnen herum.

Der Froschkönig

Kleine Märchenkunde

Wenn man einigen Bilderwitzen Glauben schenken darf, ist das Märchen vom Froschkönig durchgängig von Sexualsymbolik geprägt. Ob aber mancher Zeichner, mancher Deuter nicht mehr in die Märchen hineingeheimnissen will, als tatsächlich drin ist? Kaum eine Literaturgattung hat so widersprüchliche Interpretationen erfahren wie das Märchen — wobei stichhaltige Beweise nur allzu oft vergessen werden. Für die Deuter ist das einfacher so, sie machen es sich leicht.
Wie der Wald ist auch der Brunnen im Märchen ein Ort, wo die „Anderwelt" beginnt (siehe Frau Holle*). Aus dem Brunnen kommt der rätselhafte Frosch, der sich am Ende als verwunschener Prinz herausstellt. Die Brüder Grimm haben das eigentliche Froschkönig-Märchen und den* Eisernen Heinrich *— der zu den ältesten deutschen Märchen gehört — getrennt von verschiedenen Erzählern gehört und zu einer Geschichte verschmolzen. Das Motiv der zerspringenden Eisenreifen spielt sonst in Märchen eine ganz andere Rolle: Die verlassene Braut läßt sich Reifen um den Leib schmieden, damit sie ihr Kind nicht eher zur Welt bringt, als bis sie ihren Liebsten wiedergefunden hat. Und so mag auch das ursprüngliche Märchen vom Froschkönig ausgesehen haben.*

In den alten Zeiten, als das Wünschen noch geholfen hat, lebte ein König, dessen Töchter waren alle sehr schön. Aber die jüngste war so schön, daß die Sonne selber, die schon so vieles gesehen hat, sich verwunderte, sooft sie ihr ins Gesicht schien. Nahe bei dem Schlosse des Königs lag ein großer dunkler Wald, und in dem Walde unter einer alten Linde war ein Brunnen. Wenn nun der Tag recht heiß war, ging das Königskind hinaus in den Wald und setzte sich an den Rand des kühlen Brunnens, und wenn es Langeweile hatte, so nahm sie eine goldene Kugel, warf sie in die Höhe und fing sie wieder auf. Das war ihr liebstes Spiel.

Nun trug es sich einmal zu, daß die goldene Kugel der Königstochter nicht in ihre Händchen, die sie in die Höhe gehalten hatte, sondern vorbei und auf die Erde fiel und geradewegs ins Wasser hineinrollte. Die Königstochter folgte ihr mit den Augen und sah, wie die Kugel versank. Der Brunnen war sehr tief und gar kein Grund zu sehen. Da fing die Königstochter an zu weinen und weinte immer lauter und konnte sich gar nicht trösten. Und wie sie so klagte, rief ihr jemand zu: „Was hast du denn, Königstochter, du schreist ja, daß es einen Stein erweichen könnte." Sie sah sich um, woher die Stimme käme. Da erblickte

sie einen Frosch, der seinen dicken häßlichen Kopf aus dem Wasser streckte. „Ach, du bist's, alter Wasserpanscher", sagte sie, „ich weine über meine goldene Kugel, die mir in den Brunnen hinabgefallen ist." „Laß dein Jammern", antwortete der Frosch, „ich könnte dir wohl helfen. Aber was gibst du mir, wenn ich dein Spielzeug wieder heraufhole?" „Was du willst, lieber Frosch", sagte sie, „meine Kleider, meine Perlen und Edelsteine, dazu die goldene Krone, die ich trage." Der Frosch antwortete: „Deine Kleider, deine Perlen und Edelsteine, deine goldene Krone, die mag ich nicht. Aber wenn du mich liebhaben willst, und ich darf dein Freund und Spielkamerad sein, an deinem Tischlein neben dir sitzen, von deinem goldenen Tellerlein essen, aus deinem Becherlein trinken und in deinem Bettlein schlafen, wenn du mir das alles versprichst, so will ich hinuntertauchen und die goldene Kugel wieder aus der Tiefe heraufholen." „Ach ja", sagte sie, „ich verspreche dir alles, was du willst, wenn du mir nur die Kugel wiederbringst." Sie dachte aber: „Was der einfältige Frosch schwätzt. Der sitzt doch im Wasser bei seinesgleichen und quakt und kann keines Menschen Freund sein!" Als der Frosch das Versprechen der Königstochter erhalten hatte, tauchte er seinen Kopf unter, sank hinab, und über ein Weilchen kam er wieder heraufgerudert, hatte die Kugel im Maul und warf sie ins Gras. Die Königstochter war voll Freude, als sie ihr Lieblingsspielzeug wieder erblickte, hob es auf und sprang damit fort. „Warte, warte", rief der Frosch, „nimm mich mit, ich kann nicht so schnell laufen wie du." Aber was half es ihm, daß er ihr sein quak-quak so laut nachschrie! Sie hörte nicht darauf, eilte nach Hause und hatte bald den armen Frosch vergessen, der wieder in seinen Brunnen hinabsteigen mußte.

Am anderen Tage, als sie mit dem König und allen Hofleuten an der Tafel saß und von ihrem goldenen Tellerlein aß, da kam, plitsch-platsch, plitsch-platsch, etwas die Marmortreppe heraufgekrochen, und als es oben angelangt war, klopfte es an der Tür und rief: „Königstochter, jüngste, mach mir auf!" Sie lief und wollte sehen, wer draußen wäre. Als sie aber aufmachte, saß der Frosch davor. Da warf sie die Tür hastig zu, setzte sich wieder an den Tisch, und ihr war ganz angst. Der König sah wohl, daß ihr das Herz gewaltig klopfte und sprach: „Mein Kind, wovor fürchtest du dich? Steht etwa ein Riese vor der Tür und will dich holen?" „Ach nein", antwortete sie, „es ist kein Riese, sondern ein garstiger Frosch. Der hat mir gestern im Wald meine goldene Kugel aus dem Wasser geholt. Dafür versprach ich ihm, er solle mein Freund werden; ich dachte aber nimmermehr, daß er aus seinem Wasser herauskönnte. Nun ist er draußen und will zu mir herein." Da klopfte es zum zweitenmal und rief:

„Königstochter, jüngste,
mach mir auf!
Weißt du nicht, was gestern
du zu mir gesagt
bei dem kühlen Brunnenwasser?
Königstochter, jüngste,
mach mir auf!"

Da sagte der König: „Was du versprochen hast, mußt du auch halten! Geh nur und mach ihm auf." Sie ging und öffnete die Türe, da hüpfte der Frosch herein und folgte ihr bis zu ihrem Stuhl. Da saß er und rief: „Heb mich herauf zu dir!" Sie tat es nicht, bis es der König befahl. Als der Frosch auf dem Stuhl neben ihr saß, sprach er: „Nun schieb mir dein goldenes Tellerlein näher, damit wir zusammen essen." Das tat sie auch, aber man sah wohl, daß sie es nicht gerne tat. Der Frosch ließ es sich gut schmecken, aber ihr blieb fast jeder Bissen im Halse stecken. Endlich sprach er: „Nun hab ich mich satt gegessen und bin müde. Trag mich hinauf in dein Kämmerlein und mach dein seidenes Bettlein

zurecht, da wollen wir uns schlafen legen." Da fing die Königstochter an zu weinen und fürchtete sich vor dem kalten Frosch, den sie sich nicht anzurühren getraute und der nun in ihrem schönen reinen Bettlein schlafen sollte. Der König aber wurde zornig und sprach: „Wer dir in der Not gut genug war, den darfst du nachher nicht verachten. Und was du versprochen hast, das mußt du auch halten." Da packte sie ihn mit zwei Fingern, trug ihn hinauf und setzte ihn in eine Ecke. Als sie aber im Bett lag, kam er gekrochen und sprach: „Ich bin müde und will schlafen so gut wie du. Heb mich herauf, oder ich sag es deinem Vater!" Da wurde sie bitterböse, faßte ihn und warf ihn mit aller Kraft gegen die Wand. „Nun wirst du Ruhe geben, du garstiger Frosch!"

An der Stelle aber, wo der Frosch zu Boden fiel, stand plötzlich ein Königssohn mit schönen und freundlichen Augen. Der erzählte ihr, er wäre von einer bösen Hexe verwünscht worden und hätte nur von ihr aus dem Brunnen erlöst werden können, und morgen wollten sie zusammen in sein Reich gehen und Hochzeit halten. Dann schliefen sie ein. Am anderen Morgen, als die Sonne sie aufweckte, kam ein Wagen herangefahren, mit acht weißen Pferden bespannt, die waren mit weißen Federn geschmückt und trugen goldene Ketten, und hinten stand der Diener des jungen Königs; das war der treue Heinrich. Der treue Heinrich hatte sich so betrübt, als sein Herr in einen Frosch verwandelt worden war, daß er drei eiserne Bänder um sein Herz hatte legen lassen, damit es ihm nicht vor Weh und Traurigkeit zerspränge. Der Wagen aber sollte den jungen König in sein Reich abholen. Der treue Heinrich hob beide hinein, stellte sich wieder hinten auf und war voller Freude über die Erlösung. Und als sie ein Stück Wegs gefahren waren, hörte der Königssohn, daß es hinter ihm krachte, als wäre etwas zerbrochen. Da drehte er sich um und rief:

„Heinrich, der Wagen bricht!"
„Nein, Herr, der Wagen nicht,
es ist ein Band von meinem Herzen,
das da lag in großen Schmerzen,
als Du in dem Brunnen saßt
und als Frosch verwunschen warst."

Noch einmal und noch einmal krachte es auf dem Weg, und der Königssohn meinte immer, der Wagen bräche. Doch es waren immer die Bänder, die vom Herzen des treuen Heinrich absprangen, weil sein Herr wieder erlöst und glücklich war.

Rapunzel

Kleine Märchenkunde

Rapunzel, ein Mädchen, das zur Frau heranreift, wird in einem Turm von allen sonstigen Menschen isoliert. Diese Grundsituation gleicht den Initiationsriten mancher Naturvölker: Dabei müssen sich Jungen und Mädchen zu Beginn der sexuellen Reife zunächst aus der Gesellschaft entfernen und eine Zeitlang alleine leben, bis sie anschließend unter entsprechenden Ritualen in die Gemeinschaft der Erwachsenen aufgenommen werden. Man nimmt an, daß Rapunzel *auf eine Erzählung über solche altertümlichen Bräuche zurückgeht, die wahrscheinlich auch bei uns einmal geübt wurden (beziehungsweise heute geübt werden: so die Konfirmation und andere Bräuche bei Schulabgängern). Von* Rapunzel *sind bisher nur wenige Varianten aufgezeichnet worden. Sie stammen hauptsächlich aus Italien und Frankreich. Aus letzterem Land scheint es auch zu uns gekommen zu sein — jedenfalls läßt sich eine direkte Abhängigkeit des hier abgedruckten Grimm-Textes von französischen Vorlagen nachweisen.*

Es war einmal ein Mann und ein Frau, die wünschten sich schon lange vergeblich ein Kind. Endlich machte sich die Frau Hoffnung, der liebe Gott werde ihren Wunsch erfüllen. Die Leute hatten in ihrem Hinterhaus ein kleines Fenster, daraus konnte man in einen prächtigen Garten sehen, der voll der schönsten Blumen und Kräuter stand. Er war aber von einer hohen Mauer umgeben, und niemand wagte hineinzugehen, weil er einer Zauberin gehörte, die große Macht hatte und von aller Welt gefürchtet wurde. Eines Tages stand die Frau an diesem Fenster und sah in den Garten hinab. Da erblickte sie ein Beet, das mit den schönsten Rapunzeln bepflanzt war, und die sahen so frisch und grün aus, daß sie das größte Verlangen empfand, von den Rapunzeln zu essen. Das Verlangen nahm jeden Tag zu, und da sie wußte, daß sie keine davon bekommen konnte, wurde sie ganz krank und sah blaß und elend aus. Da erschrak der Mann und fragte: „Was fehlt dir, liebe Frau?" „Ach", antwortete sie, „wenn ich keine Rapunzeln aus dem Garten hinter dem Haus zu essen kriege, so sterbe ich." Der Mann, der sie sehr lieb hatte, dachte: „Eh du deine Frau sterben läßt, holst du ihr von den Rapunzeln, es mag kosten, was es will." In der Abenddämmerung stieg er also über die Mauer in den Garten der Zau-

berin, stach in aller Eile eine Handvoll Rapunzeln und brachte sie seiner Frau. Sie machte sich sogleich Salat daraus und aß sie voller Begierde auf. Sie hatten ihr aber so gut geschmeckt, daß sie den andern Tag noch dreimal so viel Lust bekam. Sollte sie Ruhe haben, so mußte der Mann noch einmal in den Garten steigen. Er machte sich also in der Abenddämmerung wieder auf den Weg, als er aber die Mauer herabgeklettert war, erschrak er gewaltig, denn er sah die Zauberin vor sich stehen. „Wie kannst du es wagen", fragte sie zornig, „in meinen Garten wie ein Dieb zu kommen und mir meine Rapunzeln zu stehlen?" „Ach", antwortete er, „ungern habe ich mich dazu entschlossen und nur aus Not. Meine Frau hat deine Rapunzeln aus dem Fenster erblickt und ein so großes Verlangen danach gehabt, daß sie glaubte, sterben zu müssen, wenn sie nicht davon zu essen bekäme." Da ließ die Zauberin in ihrem Zorne nach und sprach zu dem Mann: „Verhält es sich so, wie du sagst, so will ich dir gestatten, Rapunzeln mitzunehmen, so viele du willst. Aber ich mache eine Bedingung: Du mußt mir das Kind geben, das deine Frau zu Welt bringen wird. Es soll ihm gut gehen, und ich will für es sorgen wie eine Mutter." Der Mann sagte in seiner Angst alles zu, und als die Frau ein Töchterchen geboren hatte, erschien gleich die Zauberin, gab dem Kinde den Namen Rapunzel und nahm es mit sich fort.

Rapunzel wurde das schönste Kind unter der Sonne. Als es zwölf Jahre alt war, schloß es die Zauberin in einen Turm, der

in einem Walde lag und weder Treppe noch Türe hatte. Nur ganz oben war ein kleines Fensterchen. Wenn die Zauberin hinein wollte, so stellte sie sich unten hin und rief:

„Rapunzel, Rapunzel,
laß mir dein Haar herunter!"

Rapunzel hatte lange prächtige Haare, fein wie gesponnenes Gold. Wenn sie nun die Stimme der Zauberin vernahm, so band sie ihre Zöpfe los, wickelte sie oben um einen Fensterhaken, und dann fielen die Haare zwanzig Ellen tief herunter, und die Zauberin stieg daran hinauf.

Nach ein paar Jahren trug es sich zu, daß der Sohn des Königs durch den Wald ritt und an dem Turm vorüberkam. Da hörte er einen Gesang, der war so lieblich, daß er still anhielt und lauschte. Das war Rapunzel, die in ihrer Einsamkeit sich die Zeit damit vertrieb, ihre süße Stimme erschallen zu lassen. Der Königssohn suchte vergeblich nach einer Türe im Turm. Der Gesang hatte

ihm aber so sehr das Herz gerührt, daß er jeden Tag hinaus in den Wald ging und darauf horchte. Als er einmal so hinter einem Baum stand, sah er die Zauberin herankommen und hörte, wie sie hinaufrief:

„Rapunzel, Rapunzel,
laß dein Haar herunter!"

Da ließ Rapunzel die Haarflechten herab, und die Zauberin stieg zu ihr hinauf. „Ist das die Leiter, auf der man hinaufkommt", sprach der Königssohn, „so will ich auch einmal mein Glück versuchen." Gleich am folgenden Tag, als es anfing, dunkel zu werden, ging er zu dem Turme und rief:

„Rapunzel, Rapunzel,
laß dein Haar herunter!"

Alsbald fielen die Haare herab, und der Königssohn stieg hinauf. Anfangs erschrak Rapunzel gewaltig, als ein Mann zu ihr hereinkam, wie ihre Augen noch nie einen erblickt hatten. Doch der Königssohn fing an, ganz freundlich mit ihr zu reden, und erzählte ihr, daß ihr Gesang sein Herz so sehr gerührt habe, daß es ihm keine Ruhe gelassen und er sie selbst habe sehen müssen. Da verlor Rapunzel ihre Angst, und als er sie fragte, ob sie ihn zum Manne nehmen wolle, und sie sah, daß er jung und schön war, dachte sie: „Der wird mich lieber haben als die alte Zauberin", und sagte ja und reichte ihm ihre Hand. Sie verabredeten, daß er alle Abende zu ihr kommen sollte. Die Zauberin, die nur bei Tage kam, merkte nichts davon, bis sich Rapunzel einmal versprach und zu ihr sagte: „Sag mir doch, wie kommt es nur, daß du viel schwerer heraufzuziehen bist als der junge Königssohn. Der ist in einem Augenblick bei mir." „Ach du gottloses Kind", rief die Zauberin, „was muß ich von dir hören, so hast du mich also betrogen!" und in ihrem Zorn packte sie die schönen Haare der Rapunzel, schlug sie ein paar Mal um ihre linke Hand, griff eine Schere mit der rechten, und ritsch, ratsch waren sie abgeschnitten, und die schönen Flechten lagen auf der Erde. Und sie war so unbarmherzig, daß sie die arme Rapunzel in eine Einöde brachte, wo sie in großem Jammer und Elend leben mußte.

Denselben Tag aber, an dem sie Rapunzel verstoßen hatte, machte die Zauberin abends die abgeschnittenen Haare oben am Fensterchen fest, und als der Königssohn kam und rief:

„Rapunzel, Rapunzel,
laß dein Haar herunter!"

ließ sie die Haare hinab. Aber der arme Königssohn fand oben nicht seine liebste Rapunzel, sondern die Zauberin, die ihn mit bösen und giftigen Blicken ansah und ihm höhnisch zurief: „Für dich ist Rapunzel verloren, du wirst sie nie wieder erblicken." Der Königssohn geriet außer sich vor Schmerz, und in seiner Verzweiflung stürzte er sich vom Turm herab. Das Leben brachte er davon, aber die Dornen, in die er fiel, zerstachen ihm die Augen. Blind irrte er im Walde umher, aß nichts als Wurzeln und Beeren und tat nichts als jammern und weinen über den Verlust seiner liebsten Frau. So irrte er einige Jahre umher und geriet endlich in dieselbe Einöde, in der Rapunzel mit den Zwillingen, die sie geboren hatte, einem Buben und einem Mädchen, kümmerlich lebte. Er vernahm eine Stimme, und sie klang ihm so bekannt. Da ging er darauf zu, und als er herankam, erkannte ihn Rapunzel und fiel ihm um den Hals und weinte. Zwei von ihren Tränen aber benetzten seine Augen, da wurden sie wieder klar, und er konnte damit sehen wie früher. Er führte Rapunzel und die Kinder heim in sein Reich, und sie lebten noch lange glücklich und vergnügt.

Von einem, der auszog, das Fürchten zu lernen

Kleine Märchenkunde

Es ist so selbstverständlich in europäischen Märchen, daß es kaum noch auffällt: Der jeweils jüngste Sohn, ein als ausgesprochen unfähig angesehener Junge, ein Faulpelz oder Dümmling, hat mit seinen Abenteuern mehr Erfolg als die älteren und „klügeren" Geschwister. Er ist es, der am Ende den großen Preis gewinnt; wie in der Geschichte vom Fürchtenlernen unser unerschrockener Held die Hand der Prinzessin.
Da diese Erzählung jedoch schwankhaft angelegt ist, muß am Ende auch noch eine Pointe folgen: Bei den kleinen, glibberigen Fischen im Bett lernt der „Held" das uns und den Kindern allzu vertraute Gefühl dann doch noch, und zwar gründlich! In einer italienischen Fassung schlägt man dem Buben zum Schluß den Kopf ab und setzt ihn ihm verkehrt herum wieder auf: Da fürchtet er sich vor sich selbst.
In der Ausgabe von 1812 enthielt die Geschichte nur die Episoden mit den Katzen, das Kegelspiel und das Zauberbett. Später wurde sie aus drei weiteren Erzählungen ergänzt. Unwillkürlich machten die Brüder Grimm hier jedoch etwas, das auch echte Volkserzähler anderswo mit dieser Geschichte tun: Sie stellten einzelne Gespenstergeschichten aus unterschiedlichen Fassungen zusammen!

Ein Vater hatte zwei Söhne. Davon war der ältere klug und gescheit, und was er anpackte, gelang ihm. Der jüngere aber war dumm, konnte nichts begreifen und lernen, und wenn ihn die Leute sahen, sprachen sie: „Mit dem wird der Vater noch seine Last haben!" Wenn nun etwas zu tun war, so mußte es immer der ältere ausrichten. Hieß ihn aber der Vater noch spät oder gar in der Nacht etwas holen, und der Weg ging dabei über den Kirchhof oder sonst einen schaurigen Ort, so antwortete er stets: „Ach, Vater, es gruselt mir!" denn er fürchtete sich. Oder, wenn abends beim Feuer Geschichten erzählt wurden, wobei einem die Haut schauderte, so sprachen die Zuhörer manchmal: „Ach, es gruselt mir!" Der jüngere saß in einer Ecke und hörte das mit an und konnte nicht begreifen, was es heißen sollte: Es gruselt mir! Es gruselt mir! Und er dachte: „Mir gruselt's nicht! Das wird wohl eine Kunst sein, von der ich auch nichts verstehe."

Nun geschah es, daß der Vater einmal zu ihm sprach: „Du dort in der Ecke, hör mir zu. Du wirst groß und stark und mußt auch etwas lernen, womit du dein Brot verdienen kannst. Siehst du, wie sich dein Bruder Mühe gibt? Aber an dir ist Hopfen und Malz verloren." „Ei, Vater", antwortete er, „ich will gern etwas lernen; ja, wenn es ginge, so möchte ich lernen, daß mir's gruselte, davon verstehe ich noch gar nichts." Der ältere lachte, als er das hörte, und dachte bei sich: „Du lieber Gott, was ist mein Bruder ein Dummkopf, aus dem wird sein Lebtag nichts. Was ein Häkchen werden will, muß sich beizeiten krümmen." Der Vater seufzte und antwortete ihm: „Das Gruseln, das sollst du schon lernen, aber dein Brot wirst du damit nicht verdienen."

Bald danach kam der Küster zu Besuch ins Haus. Da klagte ihm der Vater seine Not und erzählte, wie sein jüngster Sohn in allen Dingen so schlecht beschlagen sei, er wisse nichts und lerne nichts. „Denkt Euch, als ich ihn fragte, womit er sein Brot verdienen wolle, hat er gar verlangt, das Gruseln zu lernen." „Wenn's weiter nichts ist", antwortete der Küster, „das kann er bei mir lernen. Tut ihn nur zu mir, ich will ihn schon abhobeln." Der Vater war es zufrieden, weil er dachte: „Der Junge wird doch ein wenig zurechtgestutzt." Der Küster nahm ihn also ins Haus, und er mußte die Glocke läuten. „Du sollst schon lernen, was Gruseln ist", dachte er, ging heimlich voraus, und als der Junge oben war und sich umdrehte und das Glockenseil fassen wollte, sah er auf der Treppe, dem Schalloch gegenüber, eine weiße Gestalt stehen. „Wer da?" rief er, aber die Gestalt gab keine Antwort, regte und bewegte sich nicht. „Gib Antwort", rief der Junge, „oder mache, daß du fortkommst, du hast hier in der Nacht nichts zu schaffen!" Der Küster aber blieb unbeweglich stehen, damit der Junge glauben

sollte, es wäre ein Gespenst. Der Junge rief zum zweitenmal: „Was willst du hier? Sprich, wenn du ein ehrlicher Kerl bist, oder ich werfe dich die Treppe hinab." Der Küster dachte: „Das wird so schlimm nicht gemeint sein", gab keinen Laut von sich und stand, als wenn er von Stein wäre. Da rief ihn der Junge zum drittenmal an, und als das auch vergeblich war, nahm er einen Anlauf und stieß das Gespenst die Treppe hinunter, daß es zehn Stufen hinabfiel und in einer Ecke liegenblieb. Darauf läutete er die Glocke, ging heim, legte sich, ohne ein Wort zu sagen, ins Bett, und schlief ein. Die Küsterfrau wartete lange Zeit auf ihren Mann, aber er wollte nicht wiederkommen. Da wurde ihr endlich angst, sie weckte den Jungen und fragte: „Weißt du nicht, wo mein Mann geblieben ist? Er ist vor dir auf den Turm gestiegen." „Nein", antwortete der Junge, „aber da hat einer dem Schalloch gegenüber auf der Treppe gestanden, und weil er keine Antwort geben und auch nicht weggehen wollte, so habe ich ihn für einen Spitzbuben gehalten und hinuntergestoßen. Geh nur hin, so wirst du sehen, ob er es gewesen ist; es sollte mir leid tun." Die Frau sprang fort und fand ihren Mann, der in einer Ecke lag und jammerte und ein Bein gebrochen hatte.

Sie trug ihn herab und eilte dann mit lautem Geschrei zu dem Vater des Jungen. „Euer Junge", rief sie, „hat ein großes Unglück angerichtet. Meinen Mann hat er die Treppe hinabgeworfen, daß er ein Bein gebrochen hat. Schafft den Taugenichts aus unserm Hause." Der Vater erschrak, kam herbeigelaufen und schalt den Jungen aus. „Was sind das für gottlose Streiche, die muß dir der Böse eingegeben haben!" „Vater", antwortete er, „hör nur zu, ich bin ganz unschuldig! Er stand da in der Nacht wie einer, der Böses im Sinne hat. Ich wußte nicht, wer es war, und habe ihn dreimal ermahnt, zu reden oder wegzugehen." „Ach",

sprach der Vater, „mit dir erleb ich nur Unglück, geh mir aus den Augen, ich will dich nicht mehr sehen!" „Ja, Vater, recht gerne, warte nur, bis Tag ist, da will ich ausgehen und das Gruseln lernen. Dann versteh ich doch auch eine Kunst, die mich ernähren kann." „Lerne, was du willst", sprach der Vater, „mir ist alles einerlei. Da hast du fünfzig Taler, damit geh in die weite Welt und sage keinem Menschen, wo du her bist und wer dein Vater ist, denn ich muß mich deiner schämen." „Ja, Vater, wie du es haben willst. Wenn du nicht mehr verlangst, das kann ich leicht behalten."

Als nun der Tag anbrach, steckte der Junge seine fünfzig Taler in die Tasche, ging hinaus auf die große Landstraße und sprach immer vor sich hin: „Wenn mir's nur gruselte! Wenn mir's nur gruselte!" Da kam ein Mann heran, der hörte das Selbstgespräch mit an, und als sie an einem Galgen vorbeikamen, sagte er zu dem Jungen: „Siehst du, dort ist der Baum, wo sieben Verbrecher mit des Seilers Tochter Hochzeit gehalten haben. Setz dich darunter und warte, bis die

Nacht kommt, so wirst du schon das Gruseln lernen." „Wenn weiter nichts dazu gehört", antwortete der Junge, „das will ich gerne tun. Lerne ich aber so geschwind das Gruseln, so sollst du meine fünfzig Taler haben. Komm nur morgen früh wieder zu mir." Darauf ging der Junge zu dem Galgen, setzte sich darunter und wartete, bis der Abend kam. Und weil ihn fror, machte er sich ein Feuer an. Aber um Mitternacht ging der Wind so kalt, daß er trotz des Feuers nicht warm werden wollte. Und als der Wind so die Gehenkten hin und her bewegte, daß sie gegeneinanderstießen, dachte er: „Du frierst unten bei dem Feuer, was mögen die da oben erst frieren und zappeln." Und weil er mitleidig war, legte er die Leiter an, stieg hinauf, knüpfte einen nach dem andern los und holte sie alle sieben herab. Darauf schürte er das Feuer, blies es an und setzte sie rings herum, damit sie sich wärmen sollten. Aber sie saßen da und regten sich nicht, und das Feuer ergriff ihre Kleider. Da sprach er: „Nehmt euch in acht, sonst häng ich euch wieder hinauf." Die Toten aber hörten nicht, schwiegen und ließen ihre Lumpen brennen. Da wurde er böse und sprach: „Wenn ihr nicht acht geben wollt, so kann ich euch nicht helfen, ich will nicht mit euch verbrennen." Darauf hing er die Toten nach der Reihe wieder hinauf. Nun setzte er sich zu seinem Feuer und schlief ein. Am andern Morgen kam der Mann zu ihm, wollte die fünfzig Taler haben und sprach: „Nun, weißt du, was Gruseln ist?" „Nein", antwortete der Junge, „woher sollte ich es wissen? Die da droben haben das Maul nicht aufgetan und waren so dumm, daß sie die paar alten Lappen, die sie am Leibe haben, brennen ließen." Da sah der Mann, daß er die fünfzig Taler heute nicht verdienen würde, ging fort und sprach: „So einer ist mir noch nicht vorgekommen."

Der Junge ging auch seines Wegs und sprach wieder vor sich hin: „Ach, wenn mir's nur gruselte! Ach, wenn mir's nur gruselte!" Das hörte ein Fuhrmann, der hinter ihm herschritt und fragte: „Wer bist du?" „Ich weiß nicht", antwortete der Junge. Der Fuhrmann fragte weiter: „Wo bist du her?" „Ich weiß nicht." „Wer ist dein Vater?" „Das darf ich nicht sagen." „Was brummst du beständig in den Bart hinein?" „Ei", antwortete der Junge, „ich wünschte, daß mir's gruselt, aber niemand kann es mich lehren." „Laß dein dummes Geschwätz", sprach der Fuhrmann, „komm, geh mit mir, ich will sehen, was ich für dich tun kann." Der Junge ging mit dem Fuhrmann, und abends gelangten sie zu einem Wirtshaus, wo sie übernachten wollten. Beim Eintritt in die Stube sagte er wieder ganz laut: „Wenn mir's nur gruselte! Wenn mir's nur gruselte!" Der Wirt, der das hörte, lachte und sprach: „Wenn dich danach gelüstet, dazu sollte hier wohl Gelegenheit sein." „Ach schweig stille", sprach die Wirtsfrau, „so mancher Vorwitzige hat schon sein Leben eingebüßt. Es wäre jammerschade um die schönen Augen, wenn sie das Tageslicht nicht wiedersehen sollten!" Der Junge aber sagte: „Und wenn's noch so schwer wäre, ich will's nun einmal lernen, deshalb bin ich ja ausgezogen." Er ließ dem Wirt auch keine Ruhe, bis dieser erzählte, nicht weit entfernt stehe ein verwünschtes Schloß, wo einer wohl lernen könnte, was Gruseln sei, wenn er nur drei Nächte darin wachen wollte. Der König hätte dem, der es wagen wollte, seine Tochter zur Frau versprochen, und die sei die schönste Jungfrau unter der Sonne. In dem Schlosse steckten auch große Schätze, von bösen Geistern bewacht, die würden dann frei und könnten einen Armen reich genug machen. Schon viele wären wohl hinein-, aber noch keiner wieder herausgekommen. Da ging der Junge am andern Morgen vor den König und sprach: „Wenn's erlaubt ist, so wollte ich wohl drei Nächte in dem verwünschten Schloß wachen." Der König sah ihn an, und weil er ihm gefiel, sprach er: „Du darfst dir noch dreierlei ausbitten, aber nur leblose Dinge, die darfst du mit ins Schloß nehmen." Da antwortete er: „So bitte ich um ein Feuer, eine Drehbank und eine Schnitzbank mit einem Messer."

Der König ließ ihm das alles bei Tag in das Schloß tragen. Als es Nacht werden wollte, ging der Junge hinauf, machte sich in einer Kammer ein helles Feuer an, stellte die Schnitzbank mit dem Messer daneben und setzte sich auf die Drehbank. „Ach, wenn mir's nur gruselte!" sprach er, „Aber hier werd ich's auch nicht lernen." Gegen Mitternacht wollte er sich sein Feuer einmal aufschüren. Wie er so hineinblies, da schrie es plötzlich aus einer Ecke: „Au, miau! Wie es uns friert!" „Ihr Narren", rief er, „was schreit ihr? Wenn euch friert, kommt, setzt euch ans Feuer und wärmt euch!" Kaum hatte er das gesagt, kamen zwei große schwarze Katzen in einem gewaltigen Sprung herbei, setzten sich ihm zu beiden Seiten und sahen ihn mit ihren feurigen Augen ganz wild an. Nach einem Weilchen, als sie sich gewärmt hatten, sprachen sie: „Kamerad, wollen wir ein bißchen Karten spielen?" „Ja", antwortete er, „aber zeigt einmal eure Pfoten her!" Da streckten sie die Krallen aus. „Ei", sagte er, „was habt ihr lange Nägel! Wartet, die muß ich euch erst abschneiden." Damit packte er sie beim Kragen, hob sie auf die Schnitzbank und schraubte ihnen

die Pfoten fest. „Euch habe ich auf die Finger gesehen", sprach er, „da vergeht mir die Lust zum Kartenspiel!" Er schlug sie tot und warf sie hinaus ins Wasser. Als er aber die zwei zur Ruhe gebracht hatte und sich wieder an sein Feuer setzen wollte, da kamen aus

allen Ecken und Enden schwarze Katzen und schwarze Hunde an glühenden Ketten, immer mehr und mehr, daß er nicht mehr wußte, wohin mit ihnen. Die schrien greulich, traten ihm auf sein Feuer, zerrten es auseinander und wollten es ausmachen. Das sah er ein Weilchen ruhig mit an. Als es ihm aber zu arg wurde, faßte er sein Schnitzmesser: „Ihr Gesindel, fort mit euch!" rief er

und hieb hinein. Ein großer Teil sprang fort, die andern schlug er tot und warf sie hinaus in den Teich. Als er zurückkam, blies er aus den Funken sein Feuer frisch an und wärmte sich. Und als er so saß, wollten ihm die Augen nicht länger offenbleiben, und er bekam Lust zu schlafen. Da blickte er um sich und sah in der Ecke ein großes Bett und legte sich hinein. Als er aber die Augen zutun wollte, fing das Bett von selbst an zu fahren und fuhr im ganzen Schloß herum. „Recht so", sprach er, „nur schneller zu!" Da rollte das Bett fort, als wären sechs Pferde vorgespannt, über Schwellen und Treppen auf und ab. Auf einmal hopp hopp! kippte es um, so daß es wie ein Berg auf ihm lag. Aber er schleuderte Decken und Kissen in die Höhe, stieg heraus und sagte: „Nun mag fahren, wer Lust hat", legte sich an sein Feuer und schlief, bis es Tag wurde. Am Morgen kam der König, und als er ihn so auf der Erde liegen sah, meinte er, die Gespenster hätten ihn umgebracht, und er wäre tot. Da sprach er: „Es ist doch schade um den schönen Menschen." Das hörte der Junge, richtete sich auf und sprach: „So weit ist es noch nicht!" Da wunderte sich der König, freute sich aber und fragte, wie es ihm ergangen sei. „Recht gut", antwortete er, „eine Nacht wäre herum, die zwei andern werden auch herumgehen." Als er nun zum Wirt kam, machte der große Augen und sprach: „Ich hätte nicht gedacht, daß ich dich

wieder lebendig sehen würde. Hast du nun gelernt, was Gruseln ist?“ „Nein“, sagte er, „ich weiß es nicht; wenn mir's nur einer sagen könnte!“ In der folgenden Nacht ging er wieder hinauf ins alte Schloß, setzte sich ans Feuer und sagte seinen alten Spruch vor sich hin: „Wenn mir's nur gruselte!" Als Mitternacht herankam, ließ sich ein Lärm und Gepolter hören, erst sachte, dann immer stärker, dann war's ein bißchen still. Endlich kam mit lautem Geschrei ein halber Mensch den Schornstein herab und fiel vor ihn hin. „Heda!" rief er, „noch ein halber gehört dazu, das ist zu wenig!" Da fing der Lärm von neuem an, es tobte und heulte, und dann fiel die andere Hälfte auch herab. „Wart", sprach er, „ich will dir erst das Feuer ein wenig anblasen." Als er das getan hatte und sich wieder umsah, waren die beiden Stücke zusammengewachsen, und ein greulicher Mann saß auf seinem Platz. „So haben wir nicht gewettet", rief der Junge, „die Bank ist mein!" Der Mann wollte ihn wegdrängen, aber der Junge ließ sich's nicht gefallen, schob ihn mit Gewalt weg und setzte sich wieder auf seinen Platz. Da fielen noch mehr Männer herab. Die holten neun Totenbeine und zwei Totenköpfe, stellten sie auf und spielten Kegel. Der Junge bekam auch Lust und fragte: „Hört ihr, kann ich mitmachen?" „Ja, wenn du Geld hast." „Geld genug", antwortete er, „aber eure Kugeln sind nicht richtig rund." Er nahm die Totenköpfe, setzte sie in die Drehbank und drehte sie rund. „So, jetzt werden sie besser rollen", sprach er, „heida, nun wird's lustig!" Er spielte mit und verlor etwas von seinem Geld, als es aber zwölf Uhr schlug, war alles vor seinen Augen verschwunden, und er legte sich nieder und schlief ruhig ein. Am andern Morgen kam der König und wollte sich erkundigen. „Wie ist dir's diesmal ergangen?" fragte er. „Ich habe gekegelt", antwortete er, „und ein paar Heller verloren." „Hat dir denn nicht gegruselt?" „Ei was", sprach er, „lustig ist es gewesen. Wenn ich nur wüßte, was Gruseln ist!"

In der dritten Nacht setzte er sich wieder auf seine Bank und sprach ganz verdrießlich: „Wenn es mir nur gruselte!" Als es spät war, kamen sechs große Männer und brachten einen Sarg hereingetragen. Der Junge sagte: „Ha ha, das ist gewiß mein Vetterchen, das erst vor ein paar Tagen gestorben ist", winkte mit dem Finger und rief „Komm, Vetterchen, komm!" Sie stellten den Sarg auf die Erde, er trat heran und nahm den Deckel ab. Da lag ein toter Mann darin. Er befühlte sein Gesicht, und es war kalt wie Eis. „Wart", sprach er, „ich will dich ein bißchen wärmen", ging ans Feuer, wärmte seine Hand und legte sie dem Toten aufs Gesicht, aber der blieb kalt. Nun nahm er ihn aus dem Sarg, setzte sich ans Feuer, legte ihn auf seinen Schoß und rieb ihm die Arme, damit das Blut wieder in Bewegung kommen sollte. Als auch das nichts helfen wollte, fiel ihm ein: „Wenn zwei zusammen im Bett liegen, so wärmen sie sich", brachte ihn ins Bett, deckte ihn zu und legte sich neben ihn. Nach einem Weilchen wurde der Tote tatsächlich warm und fing an, sich zu regen. Da sprach der Junge: „Siehst du, Vetterchen, wie gut, daß ich dich gewärmt habe!" Der Tote aber stand auf und rief: „Jetzt will ich dich erwürgen!" „Was", sagte der Junge, „ist das mein Dank? Nun mußt du wieder in deinen Sarg", hob ihn auf, warf ihn hinein und machte den Deckel zu. Da kamen die sechs Männer und trugen ihn wieder fort. „Es will mir nicht gruseln", sagte er, „hier lerne ich's mein Lebtag nicht!"

Da trat ein Mann herein, der war größer als alle anderen und sah fürchterlich aus. Er war alt und hatte einen langen weißen Bart. „O du Wicht", rief er „nun sollst du bald lernen, was Gruseln ist, denn du sollst sterben!" „Nicht so schnell", antwortete der Junge, „wenn ich sterben soll, so muß ich auch dabei sein." „Dich will ich schon packen", sprach der Unhold. „Sachte, mach dich nicht gar zu breit, so stark wie du bin ich auch und wohl noch stärker." „Das will ich sehn", sprach der Alte, „bist du stärker als ich, so will ich dich gehn lassen; komm, wir wollen es versuchen." Da führte er ihn durch dunkle Gänge zu einem Schmiedefeuer, nahm eine Axt und schlug den einen Amboß mit einem Schlag in die Erde. „Das kann ich noch besser", sprach der Junge und trat an den andern Amboß. Der Alte stellte sich neben ihn und wollte zusehen, und sein weißer Bart hing herab. Da faßte der Junge die Axt, spaltete den Amboß auf einen Hieb und klemmte den Bart des Alten mit hinein. „Nun hab ich dich", sprach der Junge, „jetzt ist das Sterben an dir!" Dann faßte er eine Eisenstange und schlug auf ihn los, bis der Alte wimmerte und bat, er möchte aufhören, er wolle ihm dafür große Reichtümer geben. Der Junge zog die Axt heraus und ließ den Alten los. Der führte ihn wieder ins Schloß

zurück und zeigte ihm in einem Keller drei Kästen voll Gold. „Davon", sprach er, „ist ein Teil den Armen, der andere dem König, der dritte dein." Im selben Augenblick schlug es zwölfe, und der Geist verschwand, so daß der Junge im Finstern stand. „Ich werde mir doch heraushelfen können", sprach er, tappte herum, fand den Weg in die Kammer und schlief bei seinem Feuer ein. Am andern Morgen kam der König und fragte: „Nun, hast du gelernt, was Gruseln ist?" „Nein", antwortete er, „was ist das nur? Mein toter Vetter war da, und ein bärtiger Mann ist gekommen, der hat mir da unten viel Geld gezeigt, aber was Gruseln ist, hat mir keiner gesagt." Da sprach der König: „Du hast das Schloß erlöst und sollst meine Tochter heiraten." „Das ist alles recht", antwortete der Junge, „aber ich weiß immer noch nicht, was Gruseln ist."

Das Gold wurde aus dem Keller geholt und die Hochzeit gefeiert, aber der junge König, so lieb er seine Gemahlin auch hatte und so vergnügt er auch war, sagte doch immer: „Wenn mir nur gruselte, wenn mir nur gruselte!" Das verdroß die junge Frau endlich. Ihr Kammermädchen sprach: „Ich will Hilfe schaffen, das Gruseln soll er schon noch lernen." Sie ging hinaus und ließ sich einen ganzen Eimer voll Gründlinge holen. Nachts, als der junge König schlief, mußte seine Gemahlin ihm die Decke wegziehen und den Eimer voll kaltem Wasser mit den Gründlingen über ihn herschütten, daß die kleinen Fische um ihn herumzappelten. Da wachte er auf und rief: „Ach, was gruselt mir, was gruselt mir, liebe Frau! Ja, nun weiß ich, was Gruseln ist!"

Sterntaler

Kleine Märchenkunde

In den Anmerkungen zu den Kinder- und Hausmärchen *schreiben die Brüder Grimm zu den* Sterntalern, *das sie zunächst* Armes Mädchen *nannten: „Nach dunkeler Erinnerung aufgeschrieben, möge es jemand ergänzen und berichtigen". Der neue Titel,* Die Sterntaler, *den die beiden Brüder dem Märchen später gaben, dürfte eine Poetisierung der seit 1811 in Hessen bekannten Sterntaler-Münze sein. Möglicherweise hatten Wilhelm und Jacob Grimm diese Geschichte in ihrer eigenen Jugend gehört und bei der Niederschrift nurmehr eine vage Idee über den Inhalt. Man kann das Märchen daher nahezu als eine Eigenschöpfung betrachten. Darauf weist auch die stark moralisierende Tendenz der Erzählung von dem so unwahrscheinlich selbstlosen Mädchen hin, das schon fast etwas überzeichnet scheint, zumindest für den Geschmack eines heutigen Erwachsenen.*

Man findet in diesem Märchen sicherlich Anklänge an die Goldmarie aus Frau Holle *und die anderen Märchen, in denen das gute und fleißige Mädchen reich belohnt wird. Doch haben die Brüder Grimm sich in diesem Fall nur auf ein sehr einfaches Erzählgerüst beschränkt und alles Episodenhafte weggelassen. Das mag vor allem damit zusammenhängen, daß sie das Märchen nur einmal gehört hatten und sich später, wie sie selbst schreiben, nicht an mehr erinnerten.*

Trotzdem gestaltet der Text eine Grundsituation des Märchens: Ein Kind (Mädchen oder Junge) zieht in die weite Welt, um sein Glück zu finden. Und wenn es nur „gut" ist, wird es sein Ziel auch erreichen. Diese Botschaft hören wir immer noch gern, allein die Wirklichkeit hat uns dazu gebracht, den Glauben daran zu verlieren.

Es war einmal ein kleines Mädchen, dem waren Vater und Mutter gestorben, und es war so arm, daß es kein Kämmerchen mehr hatte, darin zu wohnen, und kein Bettchen mehr, darin zu schlafen, und schließlich gar nichts mehr als die Kleider auf dem Leib und ein Stückchen Brot in der Hand, das ihm ein mitleidiges Herz geschenkt hatte. Es war aber gut und fromm. Und weil es so von aller Welt verlassen war, ging es im Vertrauen auf den lieben Gott hinaus ins Feld. Da begegnete ihm ein armer Mann, der sprach: „Ach, gib mir etwas zu essen, ich bin so hungerig." Es reichte ihm das ganze Stückchen Brot und sagte: „Gott segne dir's", und ging weiter. Da kam ein Kind, das jammerte und sprach: „Es friert mich so an meinem Kopf. Schenk mir etwas, womit ich mich bedekken kann." Da tat es seine Mütze ab und gab sie ihm. Und als es noch eine Weile gegangen war, kam wieder ein Kind und hatte kein Jäckchen an und fror, da gab es ihm seins. Und noch weiter, da bat eins um ein Röcklein, das gab es auch von sich hin.

Endlich gelangte es in einen Wald, und es war schon dunkel geworden, da kam noch eins und bat um ein Hemdlein, und das fromme Mädchen dachte: „Es ist dunkle Nacht, da sieht dich niemand, du kannst wohl dein Hemd weggeben", und zog das Hemd aus und gab es auch noch hin. Und wie es so stand und gar nichts mehr hatte, fielen auf einmal die Sterne vom Himmel und waren lauter harte blanke Taler. Und ob es gleich sein Hemdlein weggeben, so hatte es ein neues an, und das war vom allerfeinsten Linnen. Da sammelte es sich die Taler hinein und war reich für sein Lebtag.

Tischlein deck dich

Kleine Märchenkunde

Im Herbst 1812 steuerte die damals 21jährige Johanna Isabella Hassenpflug, in deren Haus französische Sprache und Überlieferung den Ton angaben, eine Fassung des Märchens von den drei Zaubergaben bei, welches sie aber möglicherweise auch von Deutschen gehört hatte. Der Ein- und Ausgang mit der unverschämten Ziege ist eigentlich ein unabhängiges Märchen, das nur in der Grimmschen Sammlung und in davon abhängigen Texten mit dem Märchen von dem sich selbst deckenden Tisch, dem Geld schaffenden Esel und dem Knüppel aus dem Sack verbunden ist.
Strafe und Belohnung werden im Märchen recht drastisch und eindeutig geschildert. Es zeichnet immer extreme menschliche Situationen: Wenn in Wirklichkeit ein besonders guter Lehrling als Anerkennung bestenfalls einen Buchpreis oder ein Erinnerungsbild erhält, so ist es im Märchen etwas ganz Außerordentliches, nämlich ein Stück Schlaraffenland für den Hausgebrauch oder eine nie versiegende Geldquelle im eigenen Stall. Ähnlich extrem ist die dritte Belohnung, das Strafinstrument, ausgefallen: In Situationen, in denen uns im täglichen Leben meist nur ein paar grimmige Worte zur Verfügung stehen, ist das mit dem „Knüppel aus dem Sack" schon eine eindeutigere Sache. Drei grundsätzliche Sehnsüchte erfüllt uns dieses Märchen: Das Verlangen nach gutem und reichlichem Essen, nach genügend Geld und nach einem Mittel, es denen, die uns für dumm verkaufen wollen, einmal so richtig zeigen zu können.

Vor Zeiten lebte ein Schneider, der drei Söhne hatte und nur eine einzige Ziege. Weil die Ziege sie aber alle zusammen mit ihrer Milch ernährte, mußte sie immer gutes Futter haben und täglich hinaus auf die Weide geführt werden. Die Söhne taten das auch nach der Reihe. Einmal brachte sie der älteste auf den Kirchhof, wo die schönsten Kräuter standen, ließ sie da fressen und herumspringen. Abends, als es Zeit war heimzugehen, fragte er: „Ziege, bist du satt?" Die Ziege antwortete:

„Ich bin so satt,
ich mag kein Blatt! Mäh! Mäh!"

„So komm nach Haus", sprach der Junge, faßte sie am Strickchen, führte sie in den Stall und band sie fest. „Nun", fragte der alte Schneider, „hat die Ziege ihr gehöriges Futter?" „Oh", antwortete der Sohn, „die ist so satt, sie mag kein Blatt." Der Vater aber wollte sich selbst überzeugen, ging hinab in den Stall, streichelte das liebe Tier und fragte: „Ziege, bist du auch satt?" Die Ziege antwortete:

„Wovon sollt ich satt sein?
Ich sprang nur über Gräbelein,
und fand kein einzig Blättelein! Mäh! Mäh!"

„Was ich muß hören!" rief der Schneider, lief hinauf und sprach zu dem Jungen: „Ei, du Lügner, du sagst, die Ziege sei satt, und hast sie doch hungern lassen?" und in seinem Zorn nahm er die Elle von der Wand und jagte den Sohn aus dem Haus.

Am andern Tag war die Reihe am zweiten Sohn. Der suchte einen Platz aus, wo lauter gute Kräuter standen, und die Ziege fraß sie alle ab. Abends, als er heim wollte, fragte er: „Ziege, bist du satt?" Die Ziege antwortete:

„Ich bin so satt,
ich mag kein Blatt! Mäh! Mäh!"

„So komm nach Haus", sprach der Junge, zog sie heim und band sie im Stall fest. „Nun", fragte der Schneider, „hat die Ziege ihr gehöriges Futter?" „Oh", antwortete der Sohn, „die ist so satt, sie mag kein Blatt." Der Schneider wollte sich darauf nicht verlassen, ging hinab in den Stall und fragte: „Ziege, bist du auch satt?" Die Ziege antwortete:

„Wovon sollt ich satt sein?
Ich sprang nur über Gräbelein,
und fand kein einzig Blättelein! Mäh! Mäh!"

„Der gottlose Bösewicht!" schrie der Schneider, „So ein frommes Tier hungern zu lassen!" lief hinauf und schlug mit der Elle den Jungen zur Haustüre hinaus.

Die Reihe kam jetzt an den dritten Sohn. Der wollte seine Sache gut machen,

suchte Buschwerk mit dem schönsten Laub aus und ließ die Ziege daran fressen. Abends, als er heim wollte, fragte er: „Ziege, bist du auch satt?“ Die Ziege antwortete:

„Ich bin so satt,
ich mag kein Blatt! Mäh! Mäh!“

„So komm nach Haus“, sagte der Junge, führte sie in den Stall und band sie fest. „Nun“, fragte der alte Schneider, „hat die Ziege ihr gehöriges Futter?“ „Oh“, antwortete der Sohn, „die ist so satt, sie mag kein Blatt.“ Der Schneider traute ihm nicht, ging hinab und fragte: „Ziege, bist du auch satt?“ Das boshafte Tier antwortete:

„Wovon sollt ich satt sein?
Ich sprang nur über Gräbelein,
und fand kein einzig Blättelein! Mäh! Mäh!“

„O die Lügenbrut!“ rief der Schneider, „Einer so gottlos und pflichtvergessen wie der andere! Ihr sollt mich nicht länger zum Narren halten!“ und vor Zorn ganz außer sich sprang er hinauf und gerbte dem Jungen mit der Elle den Rücken so gewaltig, daß er zum Haus hinaussprang und fortlief.

Der alte Schneider war nun mit seiner Ziege allein. Am andern Morgen ging

er hinab in den Stall, liebkoste die Ziege und sprach: „Komm, mein liebes Tierlein, ich will dich selbst zur Weide führen." Er nahm sie am Strick und brachte sie zu grünen Hecken und Schafgarben und was die Ziegen sonst noch gerne fressen. „Da kannst du dich einmal nach Herzenslust sattfressen", sprach er zu ihr und ließ sie weiden bis zum Abend. Da fragte er: „Ziege, bist du satt?" Sie antwortete:

„Ich bin so satt,
ich mag kein Blatt! Mäh! Mäh!"

„So komm nach Haus", sagte der Schneider, führte sie in den Stall und band sie fest. Als er wegging, kehrte er sich noch einmal um und sagte: „Nun bist du doch einmal richtig satt geworden." Aber die Ziege machte es ihm nicht besser und rief:

„Wie sollt ich satt sein?
Ich sprang nur über Gräbelein,
und fand kein einzig Blättelein! Mäh! Mäh!"

Als der Schneider das hörte, stutzte er und sah wohl, daß er seine drei Söhne zu Unrecht verstoßen hatte. „Wart", rief er, „du undankbares Geschöpf! Dich fortzujagen ist noch zu wenig, ich will dich zeichnen, daß du dich unter ehrlichen Schneidern nicht mehr sehenlassen darfst!" In einer Hast sprang er hinauf, holte sein Bartmesser, seifte der Ziege den Kopf ein und schor sie so glatt wie seine flache Hand. Und weil die Elle zu ehrenvoll gewesen wäre, holte er die Peitsche und versetzte ihr solche Hiebe, daß sie in gewaltigen Sprüngen davonlief.

Als der Schneider nun so ganz einsam in seinem Hause saß, verfiel er in große Traurigkeit und hätte seine Söhne gerne wiedergehabt, aber niemand wußte, wo sie hingeraten waren. Der älteste war zu einem Schreiner in die Lehre gegangen und hatte fleißig und unverdrossen gelernt. Und als seine Zeit herum war, schenkte ihm der Meister ein Tischchen, das gar kein besonderes Aussehen hatte und aus gewöhnlichem Holz war, aber es hatte eine gute Eigenschaft. Wenn man es hinstellte und sprach: „Tischchen, deck dich!" so war das gute Tischchen auf einmal mit köstlichen Speisen gedeckt. Auf einem sauberen Tischtuch standen Teller, mit Messern und Gabeln daneben, und Schüsseln mit Gesottenem und Gebratenem, so viele Platz hatten, und ein großes Glas mit rotem Wein leuchtete, daß einem das Herz lachte. Der junge Geselle dachte: „Damit hast du genug für dein Lebtag", zog guter Dinge in der Welt umher und bekümmerte sich gar nicht darum, ob ein Wirtshaus gut oder schlecht war. Wenn es ihm gefiel, so kehrte er gar nicht ein, sondern speiste im Feld, im Wald oder auf einer Wiese. Wo er gerade Lust hatte, nahm er sein Tischchen vom Rücken, stellte es vor sich und sprach: „Deck dich!" Gleich war alles da, was sein Herz begehrte. Endlich kam es ihm in den Sinn, zu seinem Vater zurückzukehren. Sein Zorn würde sich gelegt haben, und mit dem Tischchendeckdich würde er ihn gerne wieder aufnehmen.

Es trug sich zu, daß er auf dem Heimweg abends in ein Wirtshaus kam, das mit Gästen angefüllt war; sie hießen ihn willkommen und luden ihn ein, sich zu ihnen zu setzen und mit ihnen zu essen, sonst würde er schwerlich etwas bekommen. „Nein", antwortete der Schreiner, „die paar Bissen will ich euch nicht vom Munde nehmen, lieber sollt ihr meine Gäste sein." Sie lachten und meinten, er treibe seinen Spaß mit ihnen. Er aber stellte sein hölzernes Tischchen mitten in die Stube und sprach: „Tischchen, deck dich!" Augenblicklich war es mit Speisen besetzt, so gut, wie sie der Wirt nicht hätte herbeischaffen können, und der Geruch stieg den Gästen lieblich in die Nase. „Zugegriffen, liebe Freunde!" sprach der Schreiner, und die Gäste ließen sich nicht zweimal bitten, rückten heran, zogen ihre Messer und griffen tüchtig zu. Am meisten aber verwunderte sie, daß sich gleich von selbst eine volle Schüssel hinstellte, sobald eine leer geworden war. Der Wirt stand in einer Ecke und sah dem Dinge zu. Er wußte gar nicht, was er sagen sollte, dachte aber: „Einen solchen Koch könntest du in deiner Wirtschaft wohl brauchen." Der Schreiner und seine Gesellschaft waren lustig bis in die späte Nacht. Endlich aber legten sie sich schlafen, und der junge Geselle ging auch zu Bett und stellte sein Wünschtischchen an die Wand. Dem Wirt aber ließen seine Gedanken keine Ruhe. Es fiel ihm ein, daß in seiner Rumpelkammer ein altes Tischchen stände, das gerade so aussähe. Das holte er ganz sachte herbei und vertauschte es mit dem Wünschtischchen. Am andern Morgen zahlte der Schreiner sein Schlafgeld, packte sein Tischchen auf, dachte gar nicht daran, daß es ein falsches sein könnte, und ging seiner Wege. Zu Mittag kam er bei seinem Vater an, der ihn mit großer Freude empfing. „Nun, mein lieber Sohn, was hast du gelernt?" fragte er ihn. „Vater, ich bin ein Schreiner geworden." „Ein gutes Handwerk", erwiderte der Alte, „aber was hast du von deiner Wanderschaft mitgebracht?"

„Vater, das beste, was ich mitgebracht habe, ist dieses Tischchen." Der Schneider betrachtete es und sagte: „Daran hast du kein Meisterstück gemacht, das ist ein altes und schlechtes Tischchen." „Aber es ist ein Tischchendeckdich", antwortete der Sohn, „wenn ich es hinstelle und sage ihm, es solle sich decken, so stehen gleich die schönsten Gerichte darauf und ein Wein dabei, der das Herz erfreut. Lade nur alle Verwandten und Freunde ein, die sollen sich einmal laben und erquicken, denn das Tischchen macht sie alle satt." Als die Gesellschaft beisammen war, stellte er sein Tischchen mitten in die Stube und sprach: „Tischchen, deck dich!" Aber das Tischchen regte sich nicht und blieb so leer wie ein gewöhnlicher Tisch, der die Sprache nicht versteht. Da merkte der arme Geselle, daß ihm das Tischchen vertauscht worden war, schämte sich, daß er wie ein Lügner dastand, und die Verwandten lachten ihn aus und mußten ohne Essen und Trinken wieder heimwandern. Der Vater holte seine Näharbeit wieder hervor und schneiderte weiter, der Sohn aber ging zu einem Meister in die Arbeit.

Der zweite Sohn war zu einem Müller gekommen und bei ihm in die Lehre gegangen. Als er seine Jahre herum hatte, sprach der Meister: „Weil du dich so gut gehalten hast, schenke ich dir einen Esel von ganz besonderer Art, er zieht keinen Wagen und trägt auch keine Säcke." „Wozu ist er denn nütze?" fragte der junge Geselle. „Er speit Gold", antwortete der Müller, „wenn du ihn auf ein Tuch stellst und sprichst: ‚Bricklebrit', so speit dir das gute Tier Goldstücke aus, hinten und vorn." „Das ist eine schöne Sache", sprach der Geselle, dankte dem Meister und zog in die Welt. Wenn er Gold nötig hatte, brauchte er nur zu seinem Esel „Bricklebrit" zu sagen, so regnete es Goldstücke, und er hatte weiter keine Mühe, als sie von der Erde aufzuheben. Wo er hinkam, war ihm das Beste gut genug, und je teurer, je lieber, denn er hatte immer einen vollen Beutel. Als er sich eine Zeitlang in der Welt umgesehen hatte, dachte er: „Du mußt deinen Vater aufsuchen. Wenn du mit dem Goldesel kommst, so wird er seinen Zorn vergessen und dich gut aufnehmen." Es trug sich zu, daß er in dasselbe Wirtshaus geriet, in welchem seinem Bruder das Tischchen vertauscht worden war. Er führte seinen Esel an der Hand, und der Wirt wollte ihm das Tier abnehmen und anbinden. Der junge Geselle aber sprach: „Gib dir keine Mühe! Meinen Grauschimmel führe ich selbst in den Stall und binde ihn auch selbst an, denn ich muß wissen, wo er steht." Dem Wirt kam das wunderlich vor, und er meinte, einer, der seinen Esel selbst besorge, habe nicht viel zu verzehren. Als aber der Fremde in die Tasche griff, zwei Goldstücke herausholte und sagte, er solle nur etwas Gutes auftischen, so machte er große Augen, lief und besorgte das Beste, das er auftreiben konnte. Nach der Mahlzeit fragte der Gast, was er schuldig sei. Der Wirt wollte gerne doppelt verdienen und sagte, noch ein paar Goldstücke müsse er zulegen. Der Geselle griff in die Tasche, aber sein Gold war eben zu Ende. „Wartet einen Augenblick, Herr Wirt", sprach er, „ich will nur gehen und Gold holen." Er nahm das Tischtuch mit. Der Wirt wußte nicht, was das heißen sollte, war neugierig, schlich ihm nach, und da der Gast die Stalltür zuriegelte, so guckte er durch ein Astloch. Der Fremde breitete unter dem Esel das Tuch aus, rief „Bricklebrit", und augenblicklich fing das Tier an, Gold zu speien von hinten und vorn, daß es ordentlich auf die Erde herabregnete. „Ei der tausend", sagte der Wirt, „da sind die Dukaten schnell verdient. So ein Geldbeutel ist nicht übel!" Der Gast bezahlte die Zeche und legte sich schlafen. Der Wirt aber schlich in der Nacht hinab in den Stall, führte den Goldesel weg und band einen andern Esel an seine Stelle. Am folgenden Morgen in der Frühe zog der Geselle mit seinem Esel ab und meinte, er hätte seinen Goldesel. Mittags kam er bei seinem Vater an, der sich freute, als er ihn wiedersah, und ihn gerne aufnahm. „Was ist aus dir geworden, mein Sohn?" fragte der Alte. „Ein Müller, lieber Vater", antwortete er. „Was hast du von deiner Wanderschaft mitgebracht?" „Weiter nichts als einen Esel." „Esel gibt es hier genug", sagte der Vater, „da wäre mir doch eine gute Ziege lieber gewesen." „Ja", antwortete der Sohn, „aber es ist kein gewöhnlicher Esel, sondern ein Goldesel. Wenn ich sage: ‚Bricklebrit', so speit das gute Tier ein ganzes Tuch voll Goldstücke. Laß nur alle Verwandten herbeirufen, ich mache sie alle zu reichen Leuten." „Das laß ich mir gefallen", sagte der Schneider, „dann brauch ich mich mit der Nadel nicht weiter zu quälen", sprang selbst fort und rief die Verwandten herbei. Sobald sie beisammen waren, hieß sie der Müller Platz machen, breitete sein Tuch aus und brachte den Esel in die Stube. „Jetzt gebt acht", sagte er und rief „Bricklebrit", aber es waren keine Goldstücke, was herabfiel, und es zeigte sich,

daß das Tier nichts von dieser Kunst verstand. Da machte der arme Müller ein langes Gesicht, sah, daß er betrogen war, und bat die Verwandten um Verzeihung, die so arm heimgehen mußten, wie sie gekommen waren. Es blieb nichts anders übrig, der Alte mußte wieder nach der Nadel greifen und der Junge sich bei einem Müller verdingen.

Der dritte Bruder war zu einem Drechsler in die Lehre gegangen, und weil es ein kunstreiches Handwerk ist, mußte er am längsten lernen. Seine Brüder aber meldeten ihm in einem Brief, wie schlimm es ihnen ergangen war und wie sie der Wirt noch am letzten Abend um ihre schönen Wunderdinge gebracht hätte. Als der Drechsler nun ausgelernt hatte und wandern sollte, schenkte ihm sein Meister, weil er sich so gut gehalten hatte, einen Sack und sagte: „Es liegt ein Knüppel darin." „Den Sack kann ich umhängen, und er kann mir gute Dinge leisten, aber was soll der Knüppel darin, der macht ihn nur schwer!" „Das will ich dir sagen", antwortete der Meister, „hat dir jemand etwas zuleid getan, so sprich nur ‚Knüppel, aus dem Sack', so springt dir der Knüppel heraus unter die Leute und tanzt ihnen so lustig auf dem Rücken herum, daß sie sich acht Tage lang nicht regen und bewegen können; und eher läßt er nicht ab, als bist du sagst, ‚Knüppel, in den Sack'." Der Gesell dankte ihm, hing den Sack um, und wenn ihm jemand zu nahe kam und ihn angreifen wollte, so sprach er: „Knüppel aus dem Sack!" und sofort sprang der Knüppel heraus und klopfte einem nach dem andern tüchtig den Hosenboden und den Rücken aus. Das ging so geschwind, daß, ehe sich's einer versah, die Reihe schon an ihm war.

Der junge Drechsler langte zur Abendzeit auch in dem Wirtshaus an, wo seine Brüder betrogen worden waren. Er legte seinen Ranzen vor sich auf den Tisch und fing an zu erzählen, was er alles Merkwürdiges in der Welt gesehen habe. „Ja", sagte er, „man findet wohl ein Tischchendeckdich, einen Goldesel und dergleichen, lauter gute Dinge, die ich nicht verachte, aber das ist alles nichts gegen den Schatz, den ich erworben habe und mit mir da in meinem Sack führe." Der Wirt spitzte die Ohren. „Was in aller Welt mag das sein?" dachte er, „Der Sack ist wohl mit lauter Edelsteinen angefüllt; den sollte ich auch noch haben, denn aller guten Dinge sind drei." Als Schlafenszeit war, streckte sich der Gast auf die Bank und legte seinen Sack als Kopfkissen unter. Der Wirt wartete, bis er meinte, der Gast läge in tiefem Schlaf. Dann ging er herbei, rückte und zog ganz sachte und vorsichtig an dem Sack, ob er ihn vielleicht wegziehen und einen andern unterlegen könnte. Der Drechsler aber hatte schon lange darauf gewartet. Wie nun der Wirt eben einen herzhaften Ruck tun wollte, rief er: „Knüppel, aus dem Sack!" Alsbald fuhr der Knüppel heraus und tanzte dem Wirt so auf dem Rücken herum, daß es eine Art hatte. Der Wirt schrie um Erbarmen, aber je lauter er schrie, desto kräftiger schlug der Knüppel ihm den Takt dazu auf dem Rücken, bis er endlich erschöpft zur Erde fiel. Da sprach der Drechsler: „Wenn du das Tischchendeckdich und den Goldesel nicht wieder herausgibst, so soll der Tanz von neuem

angehen." „Ach nein", rief der Wirt ganz kleinlaut, „ich gebe alles gerne wieder heraus, laß nur den verwünschten Knüppel wieder in den Sack kriechen." Da sprach der Geselle: „Ich will Gnade für Recht ergehen lassen, aber betrüge nie jemanden wieder." Dann rief er: „Knüppel, in den Sack!" und ließ ihn ruhen.

Der Drechsler zog am andern Morgen mit dem Tischchendeckdich und dem Goldesel heim zu seinem Vater. Der Schneider freute sich, als er ihn wieder sah, und fragte auch ihn, was er in der Fremde gelernt hätte. „Lieber Vater", antwortete er, „ich bin ein Drechsler geworden." „Ein kunstreiches Handwerk", sagte der Vater, „und was hast du von der Wanderschaft mitgebracht?" „Ein kostbares Stück, lieber Vater", antwortete der Sohn, „einen Knüppel in dem Sack." „Was!" rief der Vater, „einen Knüppel! Das ist der Mühe wert! Den kannst du dir von jedem Baum abhauen!" „Aber einen solchen nicht, lieber Vater. Sage ich: ‚Knüppel aus dem Sack', so springt der Knüppel heraus und macht mit dem, der es nicht gut mit mir meint, einen schlimmen Tanz und läßt nicht eher nach, als bis er auf der Erde liegt und um gut Wetter bittet. Seht ihr, mit diesem Knüppel habe ich das Tischchendeckdich und den Goldesel wieder herbeigeschafft, die der diebische Wirt meinen Brüdern abgenommen hatte. Jetzt laß sie beide rufen und lade alle Verwandten ein, ich will sie mit Speise und Trank bewirten und ihnen die Taschen mit Gold füllen." Der alte Schneider wollte ihm nicht recht trauen, brachte aber doch die Verwandten zusammen. Da legte der Drechsler ein Tuch in die Stube, führte den Goldesel herein und sagte zu seinem Bruder: „Nun, lieber Bruder, sprich mit ihm." Der Müller sagte: „Bricklebrit", und augenblicklich sprangen die Goldstücke auf das Tuch herab, als käme ein Platzregen, und der Esel hörte nicht eher auf, als bis alle so viel hatten, daß sie nicht mehr tragen konnten. Dann holte der Drechsler das Tischchen und sagte: „Lieber Bruder, nun sprich mit ihm." Und kaum hatte der Schreiner „Tischchen, deck dich" gesagt, so war es gedeckt und mit den schönsten Schüsseln reichlich besetzt. Da wurde eine Mahlzeit gehalten, wie der gute Schneider noch keine in seinem Hause erlebt hatte, und die ganze Verwandtschaft blieb beisammen bis in die Nacht, und alle waren lustig und vergnügt. Der Schneider verschloß Nadel und Zwirn, Elle und Bügeleisen in einen Schrank und lebte mit seinen drei Söhnen in Freude und Herrlichkeit.

Wo ist aber die Ziege hingekommen, die Schuld war, daß der Schneider seine drei Söhne fortgejagt hatte? Das will ich dir sagen. Sie schämte sich, daß sie einen kahlen Kopf hatte, lief in eine Fuchshöhle und verkroch sich hinein. Als der Fuchs nach Haus kam, funkelten ihm ein paar große Augen aus der Dunkelheit entgegen, daß er erschrak und wieder zurücklief. Der Bär begegnete ihm, und da der Fuchs ganz verstört aussah, so sprach er: „Was ist dir, Bruder Fuchs, was machst du für ein Gesicht?" „Ach", antwortete der Rotrock, „ein grimmiges Tier sitzt in meiner Höhle und hat mich mit feurigen Augen angeglotzt." „Das wollen wir bald austreiben", sprach der Bär, ging mit zu der Höhle und schaute hinein. Als er aber die feurigen Augen erblickte, bekam auch er Angst und wollte mit dem grimmigen Tier nichts zu tun haben und nahm Reißaus. Die Biene begegnete ihm, und da sie merkte, daß es ihm in seiner Haut nicht wohl zumute war, sprach sie: „Bär, du machst ja ein gewaltig verdrießliches Gesicht, wo ist deine Lustigkeit geblieben?" „Du hast gut reden", antwortete der Bär, „es sitzt ein grimmiges Tier mit Glotzaugen in dem Hause des Fuchses, und wir können es nicht herausjagen." Die Biene sprach: „Du dauerst mich, Bär, ich bin ein armes schwaches Geschöpf, das ihr nicht anguckt, aber ich glaube doch, daß ich euch helfen kann." Sie flog in die Fuchshöhle, setzte sich der Ziege auf den glatten geschorenen Kopf und stach sie so gewaltig, daß sie aufsprang, „mäh, mäh!" schrie und wie toll in die Welt hineinlief. Niemand weiß, wo sie hingelaufen ist.

Rumpelstilzchen

Kleine Märchenkunde

Wer ist diese geheimnisvolle Gestalt, dieses Rumpelstilzchen eigentlich? Ein Zwerg? So sagen die einen. Der bekannte Märchenforscher Lutz Röhrich hält es dagegen für eine Art Teufelsgestalt. Dafür spricht, daß meinen seinen wahren Namen herausfinden muß, ein Kennzeichen von Teufelssagen. Diese kennzeichnen sich häufig auch dadurch, daß ein Mensch dem (unerkannten) Teufel für geleistete Dienste etwas Wichtiges versprechen muß, und das ist dann meist das eigene Kind.
Von dem über ganz Europa verbreiteten Rumpelstilzchen *kannten die Brüder Grimm mehrere Fassungen, die sie vermischten. In anderen Ländern, wo Rumpelstilzchen zum Beispiel Tom Tit Tot, Trillevip, Ricdin Ricdon oder Titeliture heißt (also immer einen absonderlichen Namen hat), geht es durchaus nicht immer darum, daß in dem Ratewettstreit der Name des Kobolds getroffen wird: In einer französischen Spielart zum Beispiel heißt es umgekehrt, daß der Name Ricdin Ricdon nicht vergessen werden darf, oder es muß das Alter des Dämons erraten werden.*
Rumpelstilzchen *spielt an einem Königshof. Wenn man aber genau hinschaut, geht es eigentlich dort wenig königlich zu: Worauf es ankommt — auch für die zukünftige Königstochter — ist perfektes Spinnen. Und dies war eine Tätigkeit aus der früheren bäuerlichen Welt. Nur Mädchen, die gut spinnen konnten (was für hausfräuliches Können steht), hatten Aussichten, einen tüchtigen Mann zu bekommen. Trotz aller Schlösser, Könige und Prinzessinnen können die Märchen ihre Herkunft aus einer bäuerlich geprägten Welt bis heute nicht verleugnen.*

Es war einmal ein Müller, der war arm, aber er hatte eine schöne Tochter. Nun traf es sich, daß er mit dem König ein Gespräch hatte, und um sich ein Ansehen zu geben, sagte er zu ihm: „Ich habe eine Tochter, die kann Stroh zu Gold spinnen." Der König sprach zu dem Müller: „Das ist eine Kunst, die mir wohl gefällt. Wenn deine Tochter so geschickt ist, wie du sagst, so bring sie morgen in mein Schloß. Da will ich sie auf die Probe stellen." Als nun das Mädchen zu ihm gebracht wurde, führte er es in eine Kammer, die ganz voll Stroh lag, gab ihr Spinnrad und Haspel und sprach: „Jetzt mache dich an die Arbeit, und wenn du die ganze Nacht durch bis morgen früh dieses Stroh nicht zu Gold versponnen hast, so mußt du sterben." Darauf schloß er die Kammer selbst zu, und sie blieb allein darin.

Da saß nun die arme Müllerstochter und wußte um ihr Leben keinen Rat, denn sie verstand gar nichts davon, wie man Stroh zu Gold spinnen konnte, und ihre Angst wurde immer größer, bis sie endlich zu weinen anfing. Da ging auf einmal die Türe auf, und ein kleines Männchen trat herein und sprach: „Guten Abend, Jungfer Müllerin, warum weinst du so sehr?" „Ach", antwortete das Mädchen, „ich soll Stroh zu Gold spinnen und verstehe das nicht." Da sprach das Männchen: „Was gibst du mir, wenn ich dir's spinne?" „Mein Halsband", sagte das Mädchen. Das Männchen nahm das Halsband, setzte sich vor das Rädchen und schnurr, schnurr, schnurr, dreimal gezogen, war die Spule voll. Dann steckte es eine andere auf und schnurr, schnurr, schnurr, dreimal gezogen, war auch die zweite voll, und so ging's fort bis zum Morgen. Da war alles Stroh versponnen, und alle Spulen waren voll Gold. Bei Sonnenaufgang kam schon der König, und als er das Gold erblickte, erstaunte er und freute sich, aber sein Herz wurde nur noch goldgieriger. Er ließ die Müllerstochter in eine andere Kammer voll Stroh bringen, die noch viel größer war, und befahl ihr, das auch in einer Nacht zu spinnen, wenn ihr das Leben lieb wäre. Das Mädchen wußte sich nicht zu helfen und weinte. Da ging abermals die Türe auf, und das kleine Männchen erschien und sprach: „Was gibst du mir, wenn ich dir das Stroh zu Gold spinne?" „Meinen Ring von dem Finger", antwortete das Mädchen. Das Männchen nahm den Ring, fing wieder an zu schnurren mit dem Rade und hatte bis zum Morgen alles Stroh zu glänzendem Gold gesponnen. Der König freute sich über alle Maßen bei dem Anblick, hatte aber noch immer nicht genug, ließ die Müllerstochter in eine noch größere Kammer voll Stroh bringen und sprach: „Die mußt du noch in dieser Nacht verspinnen. Gelingt dir das, so sollst du meine Gemahlin werden." „Wenn's auch nur eine Müllerstochter ist", dachte er, „eine reichere Frau finde ich in der ganzen Welt nicht." Als das

Mädchen allein war, kam das Männlein zum drittenmal wieder und sprach: „Was gibst du mir, wenn ich dir noch diesmal das Stroh spinne?“ Ich habe nichts mehr, das ich geben könnte“, antwortete das Mädchen. „So versprich mir, wenn du Königin wirst, dein erstes Kind.“ „Wer weiß, wie das noch endet“, dachte die Müllerstochter, wußte sich aber in ihrer Not nicht anders zu helfen. Sie versprach also dem Männchen, was es verlangte, und das Männchen spann dafür noch einmal das Stroh zu Gold. Als am Morgen der König kam und alles fand, wie er es gewünscht hatte, da hielt er Hochzeit mit ihr, und die schöne Müllerstochter wurde eine Königin.

Nach einem Jahr brachte sie ein schönes Kind zur Welt und dachte gar nicht mehr an das Männchen. Da trat es plötzlich in ihre Kammer und sprach: „Nun gib mir, was du versprochen hast.“ Die Königin erschrak und bot dem Männchen alle Reichtümer des Königreichs an, wenn es ihr das Kind lassen wollte. Aber das Männchen sprach: „Nein, etwas Lebendes ist mir lieber als alle Schätze der Welt.“ Da fing die Königin so an zu jammern und zu weinen, daß das Männchen Mitleid mit ihr hatte. „Drei Tage will ich dir Zeit lassen“, sprach er, „wenn du bis dahin meinen Namen weißt, so sollst du dein Kind behalten.“

Nun besann sich die Königin die ganze Nacht über auf alle Namen, die sie jemals gehört hatte und schickte einen Boten über Land, der sollte sich erkun-

digen weit und breit, was es sonst noch für Namen gäbe. Als am andern Tag das Männchen kam, fing sie an mit Kaspar, Melchior, Balzer und sagte alle Namen, die sie wußte, nach der Reihe her, aber bei jedem sprach das Männlein: „So heiß ich nicht." Am zweiten Tag ließ sie in der Nachbarschaft herumfragen, wie die Leute da genannt würden, und sagte dem Männlein die ungewöhnlichsten und seltsamsten Namen vor. „Heißt du vielleicht Rippenbiest oder Hammelswade oder Schnürbein?" Aber es antwortete immer: „So heiß ich nicht." Am dritten Tag kam der Bote wieder zurück und erzählte: „Neue Namen habe ich keinen einzigen finden können, aber wie ich an einen hohen Berg um die Waldecke kam, wo Fuchs und Has sich gute Nacht sagen, da sah ich ein kleines Haus, und vor dem Haus brannte ein Feuer, und um das Feuer sprang ein gar zu lächerliches Männchen, hüpfte auf einem Bein und schrie:

„Heute back ich, morgen brau ich,
übermorgen hol ich der Königin ihr Kind.
Ach, wie gut ist, daß niemand weiß,
daß ich Rumpelstilzchen heiß!"

Da könnt ihr euch denken, wie die Königin froh war, als sie den Namen hörte, und als bald danach das Männlein hereintrat und fragte: „Nun, Frau Königin, wie heiß ich?“ fragte sie erst: „Heißt du Kunz?“ „Nein.“ „Heißt du Heinz?“ „Nein.“

„Heißt du etwa Rumpelstilzchen?“

„Das hat dir der Teufel gesagt, das hat dir der Teufel gesagt!“ schrie das Männlein und stieß mit dem rechten Fuß vor Zorn so tief in die Erde, daß es bis an den Leib hineinfuhr. Dann packte es in seiner Wut den linken Fuß mit beiden Händen und riß sich selbst mitten entzwei.

Das häßliche Entlein

Kleine Märchenkunde

Alle bisherigen Märchen stammen aus der Sammlung der Brüder Grimm, die drei folgenden jedoch und das vorletzte sind von Hans Christian Andersen. Anders als die Brüder Grimm, die ihre Märchen im allgemeinen zuerst gehört hatten und sie anschließend aufzeichneten — wobei sie häufig starke Änderungen vornahmen — dichtete Andersen seine Stücke fast ausschließlich selbst. Der Autor, 1805 in Kopenhagen als Sohn eines Schuhmachers geboren und 1875 dort gestorben, war ‚hauptamtlich' Dichter und wurde als solcher vom Staat bezahlt, seit er mit seinem Roman Der Improvisator *großen Erfolg hatte. Zwischen 1831 und 1871 unternahm er fast 30 Auslandsreisen, am häufigsten nach Deutschland, wo auch seine Autobiographie* Das Märchen meines Lebens *zuerst erschien. Die Erzählung vom häßlichen jungen Entlein bezeichnete Andersen selbst als symbolische Geschichte seines Lebens. Die Märchen wurden 1835 gedruckt und sind bis heute in etwa 80 Sprachen übersetzt worden. Mit ihrem bewußt raffiniert naiven Stil schaffen sie eine Märchenwelt auch für Erwachsene — und sind nicht etwa nur für Kinder gedacht. — Wer einmal durch die dänische Stadt Odense kommt, sollte nicht versäumen, dort das anregende Andersen-Museum zu besichtigen.*

Es war so herrlich draußen auf dem Lande! Es war Sommer, das Korn stand gelb, der Hafer grün, das Heu war unten auf den grünen Wiesen in Schobern aufgesetzt, und der Storch ging auf seinen langen roten Beinen umher und plapperte ägyptisch, denn diese Sprache hatte er von seiner Mutter gelernt. Rings um Äcker und Wiesen lagen große Wälder, und mitten in den Wäldern tiefe Seen; ja, es war wirklich herrlich dort draußen auf dem Lande. Da lag mitten im Sonnenschein ein alter Herrensitz, von tiefen Kanälen umgeben, und von der Mauer bis zum Wasser hinab wuchsen große Klettenblätter, die so hoch waren, daß kleine Kinder unter den größten aufrecht stehen konnten; dort drinnen war es ebenso wild wie im dichtesten Wald. Hier saß eine Ente auf ihrem Nest, die ihre Jungen ausbrüten mußte, aber nun mochte sie schon bald nicht mehr, weil es so lange dauerte und sie selten Besuch bekam; die anderen Enten schwammen lieber in den Kanälen umher, als daß sie hinauflie-fen und sich unter ein Klettenblatt setzten, um mit ihr zu schnattern.

Endlich krachte ein Ei nach dem anderen. „Piep, piep!" sagte es, alle Eidotter waren lebendig geworden und steckten den Kopf heraus. „Rapp, rapp!" sagte die Ente, und dann sputeten sie sich alle, so sehr sie konnten, und guckten sich unter den grünen Blättern nach allen Seiten um, und die Mutter ließ sie gucken, soviel sie wollten, denn Grün ist gut für die Augen. „Wie ist die Welt doch groß", sagten alle Jungen, denn sie hatten jetzt eine Menge mehr Platz als vorher im Ei. „Glaubt ihr, daß dies die ganze Welt ist?" sagte die Mutter, „Die geht noch viel weiter, bis ganz auf die andere Seite des Gartens, bis in den Acker des Pfarrers hinein! Aber da bin ich nie gewesen! Ihr seid doch wohl alle da?" und dann erhob sie sich. „Nein, ich habe nicht alle! Das größte Ei liegt noch da; wie lange soll denn das noch dauern! Jetzt habe ich bald genug!" und dann setzte sie sich wieder drauf.

„Na, wie geht es?" sagte eine alte Ente, die kam, um ihr einen Besuch zu machen. „Es dauert so lange mit dem einen Ei!" sagte die Ente, welche brütete, „Es will nicht entzweigehen! Aber nun mußt du dir die anderen ansehen! Es sind die süßesten Jungen, die ich je gesehen habe! Sie gleichen alle ihrem Vater, der Bösewicht kommt nicht, mich zu besuchen." „Zeig mir doch mal das Ei, das nicht platzen will!" sagte die Alte. „Du kannst mir glauben, das ist ein Putenei! So bin auch einmal an der Nase herumgeführt worden, und ich hatte meine Sorge und meine Not mit den Jungen, denn die sind ja bange vorm Wasser, mußt du wissen! Ich konnte sie nicht hineinkriegen! Ich schnatterte und schnappte zu, aber es nützte nichts! Laß mich das Ei sehen! Ja, es ist ein Putenei! Laß das liegen und bring lieber den anderen Kindern das Schwimmen bei!"

„Ich will doch noch ein bißchen darauf sitzen!" sagte die Ente. „Habe ich nun so lange gesessen, dann kommt es auf ein bißchen länger auch nicht an!" „Bitte sehr!" sagte die alte Ente und ging davon.

Endlich platzte das große Ei. „Piep, piep!" sagte das Junge und kroch heraus; es war sehr groß und sehr häßlich. Die Ente sah es sich an. „Das ist ja ein furchtbar großes Entlein!" sagte sie, „Keins von den anderen sieht so aus! Es wird doch nicht etwa ein Putenküken sein? Nun, das werden wir bald heraus haben! Ins Wasser muß es, und wenn ich es selber hineinschubsen soll!"

Am nächsten Tag war ein herrliches, wunderbares Wetter; die Sonne schien auf all die grünen Klettenstauden. Die Entenmutter mit ihrer ganzen Familie erschien unten am Kanal. Platsch! sprang sie ins Wasser. „Rapp, rapp!" sagte sie, und ein Junges nach dem anderen plumpste hinterdrein; das Wasser schlug über ihren Köpfen zusammen, aber sie kamen gleich wieder hoch und schwammen ganz wunderschön; die Beine gingen von selbst und alle waren sie draußen, sogar das häßliche graue Junge schwamm mit. „Nein, das ist keine Pute!" sagte sie. „Sieh mal, wie schön es seine Beine gebraucht, wie gerade es

sich hält! Das ist mein eigenes Kind! Im Grunde ist es doch ganz hübsch, wenn man es richtig betrachtet: Rapp, rapp! Kommt nur mit, dann führe ich euch in die Welt hinaus und stelle euch auf dem Entenhof vor; aber bleibt immer dicht bei mir, damit niemand auf euch tritt, und nehmt euch vor der Katze in acht!"

Und dann kamen sie zum Entenhof. Dort drinnen war ein fürchterlicher Krach, denn zwei Familien rauften sich um einen Aalkopf, und dann erwischte ihn doch die Katze. „Seht, so geht es in der Welt zu!" sagte die Entenmutter und wetzte ihren Schnabel, denn sie hätte den Aalkopf auch gern gehabt. „Gebraucht nun die Beine!" sagte sie, „Seht zu, daß ihr euch sputet, und neigt euren Hals vor der alten Ente da drüben! Sie ist die vornehmste von allen hier. Sie ist spanischer Herkunft, darum ist sie so dick; und seht ihr, sie hat einen roten Lappen um das Bein, das ist etwas ganz besonders Schönes und die größte Auszeichnung, die eine Ente bekommen kann. Das bedeutet, daß man sie nicht hergeben möchte und daß sie von Tieren und Menschen erkannt werden soll! Sputet euch! Nicht die Füße nach innen setzen! Eine wohlerzogene

Ente setzt die Füße weit nach außen, genau wie Vater und Mutter! Seht, so! Nun neigt euren Hals und sagt: ‚Rapp!'"

Und das taten sie; aber die anderen Enten betrachteten sie und sagten ganz laut: „Du liebe Zeit! Nun kriegen wir die Gesellschaft auch noch auf den Hals! Als ob wir nicht ohnehin schon genug wären! Pfui, wie das eine Entlein nur aussieht! Das wollen wir hier aber nicht haben!" Und gleich flog eine Ente zu ihm hin und biß es in den Nacken. „Laß es!" sagte die Mutter, „Es tut ja niemandem etwas!" „Ja, aber es ist zu groß und sonderbar", sagte die Ente, die es gebissen hatte, „und deshalb muß es geduckt werden!"

„Die Mutter hat hübsche Kinder!" sagte die alte Ente mit dem Lappen um das Bein. „Alles schöne Kinder bis auf das eine, das ist nicht geglückt. Ich möchte, daß sie es umändern könnte." „Das geht nicht, Euer Gnaden!" sagte die Entenmutter, „Es ist nicht schön, aber es hat ein wahrhaft gutes Gemüt und schwimmt so herrlich wie jedes von den anderen, ja, ich darf sagen, noch etwas besser! Ich denke, es wird schön heranwachsen und mit der Zeit etwas kleiner werden, es hat zu lange im Ei gelegen, und deshalb nicht die richtige Gestalt bekommen!" und dann zupfte sie es im Nacken und strich ihm die Federn glatt. „Es ist außerdem ein Enterich", sagte sie, „und da tut es ja nicht soviel. Ich glaube, er wird ordentlich kräftig und sich schon durchschlagen!" „Die übrigen Entchen sind niedlich!" sagte die Alte. „Tut nun, als wärt Ihr zu Hause, und findet Ihr einen Aalkopf, dann könnt Ihr ihn mir bringen!" Und damit waren sie wie zu Hause.

Aber das arme Entlein, das zuletzt aus dem Ei gekrochen war und so häßlich aussah, wurde gebissen, gestoßen und gehänselt, und das von den Enten ebenso wie von den Hühnern. „Es ist zu groß!" sagten sie alle, und der Truthahn, der mit Sporen zur Welt gekommen war und deshalb meinte, er sei Kaiser, blies sich auf wie ein Schiff mit vollen Segeln, ging spornstreichs auf das Entlein los, und dann kollerte er und wurde ganz rot am Kopf. Das arme Entlein wußte nicht, wo es gehen oder stehen sollte, es war so traurig, weil es so häßlich aussah und vom ganzen Entenhof verspottet wurde.

So ging es den ersten Tag, und danach wurde es schlimmer und schlimmer. Das arme Entenjunge wurde von allen gehetzt, sogar seine Geschwister waren ganz häßlich zu ihm, und sie sagten immer: „Wenn dich bloß die Katze holte, du häßliches Ding!" und die Mutter sagte: „Ich wünschte, du wärest weit weg!" Und die Enten zwackten es, und die Hühner hackten es, und die Magd, die den Tieren Futter brachte, stieß mit dem Fuß nach ihm. Da lief es und flog über den Zaun; die kleinen Vögel im Gebüsch flatterten erschrocken auf. „Das ist, weil

ich so häßlich bin", dachte das Entenjunge und schloß die Augen, lief aber trotzdem weiter! Da kam es in den großen Sumpf hinaus, wo die Wildenten hausten. Hier lag es die ganze Nacht, es war so müde und kummervoll. Morgens flogen die Wildenten auf, und sie sahen sich den neuen Gefährten an. „Was bist du für einer?" fragten sie, und das Entenjunge wandte sich nach allen Seiten um und grüßte, so gut es konne. „Du bist ungemein häßlich!" sagten die Wildenten, „aber das kann uns ja einerlei sein, wenn du nur nicht in unsere Familie einheiratest!" Das Ärmste! Es dachte wahrhaftig nicht ans Heiraten; wenn es nur im Schilf liegen und ein bißchen Moorwasser trinken durfte.

Dort lag es zwei ganze Tage, dann kamen zwei Wildgänse, oder vielmehr Gänseriche, denn es waren Männchen, hin; es war noch gar nicht lange her, seit sie aus dem Ei geschlüpft waren, und darum waren sie sehr vorlaut. „Hör mal, Kamerad!" sagten sie. „Du bist so häßlich, daß wir dich gut leiden mögen! Willst du mitkommen und Zugvogel werden? Hier in der Nähe in einem anderen Sumpf sind einige nette, süße Gänschen, alles Fräulein, die ‚rapp' sagen können! Du hast Aussicht, dort dein Glück zu machen, so häßlich du auch bist!" „Piff, paff!" ertönte es in diesem Augenblick über ihnen, und die beiden Gänseriche fielen tot ins Schilf nieder, und das Wasser färbte sich blutrot. „Piff, paff!" ertönte es abermals, und ganze Scharen von Wildgänsen flogen aus dem Schilf auf, und dann knallte es wieder. Eine große Jagd fand statt; die Jäger lagen rings um das Moor herum, ja, manche saßen oben in den Bäumen, die weit über das Schilf hinwegragten; der blaue Pulverdampf wallte wie Wolken zwischen den dunklen Bäumen und zog weit über das Wasser hin; durch den Schlamm kamen die Jagdhunde, platsch, platsch! Schilf und Binsen bogen sich nach allen Seiten auseinander, das war ein Schreck für das arme Entchen; es drehte den Kopf nach hinten, um ihn unter den Flügel zu stecken, und gerade in dem Augenblick stand ein furchtbar großer Hund vor ihm, die Zunge hing ihm weit aus dem Hals, und die Augen schillerten ganz grausig; er senkte seinen Rachen über das Entchen, zeigte die scharfen Zähne — und platsch! ging er wieder, ohne es zu packen. „Oh, Gott sei Dank!" seufzte das Entenjunge, „Ich bin so häßlich, daß nicht einmal der Hund mich beißen mag!" Und dann lag es ganz still, während die Schrotkörner im Schilf pfiffen und Schuß auf Schuß knallte.

Erst gegen Abend wurde es still, aber das arme Junge wagte nicht aufzustehen, es wartete noch einige Stunden, bis es sich umsah, und dann eilte es aus dem Moor fort, so schnell es konnte; es rannte über Feld und Wiese, da wehte ein heftiger Wind, so daß das Entenjunge nur mühsam vorwärts kam. Gegen Abend gelangte es an ein ärmliches kleines Bauernhaus; das war so baufällig, daß es selber nicht wußte, nach welcher Seite es einstürzen sollte, und so blieb es denn stehen. Der Wind umbrauste das Entenjunge so sehr, daß es sich auf den Schwanz setzen mußte, um sich dagegen anzustemmen; und es wurde immer schlimmer. Da merkte es, daß sich die Tür von der einen Angel gelöst hatte und so schief hing, daß es durch den Spalt in die Stube schlüpfen konnte, und das tat es. Hier wohnte eine alte Frau mit ihrer Katze und ihrem Huhn, und der Kater, den sie Söhnlein nannte, konnte einen Buckel machen und schnurren; er knisterte sogar, aber dann mußte man ihn gegen den Strich streicheln; das Huhn hatte ganz kleine, kurze Beine, und daher wurde es Küken-Kurzbein genannt; es legte gut Eier, und die Frau liebte es so, als wäre es ihr eigenes Kind.

Am Morgen wurde das fremde Entenjunge sogleich bemerkt, und der Kater begann zu schnurren und die Henne zu gackern. „Was ist denn das?" sagte die Frau und blickte sich um, aber sie hatte nicht sehr gute Augen, und daher

meinte sie, das Entenjunge sei eine fette Ente, die sich verirrt hätte. „Das ist ja ein angenehmer Fang!" sagte sie. „Nun bekomme ich Enteneier, wenn es bloß kein Enterich ist! Das müssen wir ausprobieren!" Und nun wurde das Entenjunge für drei Wochen auf Probe angenommen, aber Eier kamen nicht. Und der Kater war Herr im Hause, und das Huhn war die gnädige Frau, und andauernd sagten sie: „Wir und die Welt!" denn sie meinten, sie wären die eine Hälfte, und zwar bei weitem die bessere. Das Entenjunge fand, man könne auch anderer Meinung sein, aber das duldete die Henne nicht. „Kannst du Eier legen?" fragte sie. „Nein!" „Nun, willst du dann deinen Mund halten!" Und der Kater sagte: „Kannst du einen Buckel machen, schnurren und knistern?" „Nein!" „So darfst du auch keine Meinung haben, wenn vernünftige Leute reden."

Und das Entlein saß in der Ecke und war mißmutig; da mußte es an die frische Luft und an den Sonnenschein denken! Es bekam eine so wunderliche Lust, auf dem Wasser zu schwimmen, daß es nicht an sich halten konnte und es der Henne erzählte. „Was fällt dir denn ein?" fragte sie. „Du hast nichts zu tun, darum kriegst du Schrullen! Leg Eier oder schnurre, dann gehen sie vorüber!" „Aber es ist so herrlich, auf dem Wasser zu schwimmen!" sagte das Entenjunge, „So herrlich, wenn es einem über dem Kopf zusammenschlägt und man bis auf den Grund taucht!" „Ja, das scheint ein großes Vergnügen zu sein", sagte die Henne, „du bist wohl verrückt geworden! Frag den Kater — der ist das klügste Wesen, das ich kenne —, ob er sich etwas daraus macht, auf dem Wasser zu schwimmen oder zu tauchen! Von mir will ich nicht reden. Frag selbst unsere

Herrschaft, die alte Frau, klüger als sie ist niemand auf der Welt! Meinst du, die hätte Lust zu schwimmen und das Wasser über ihrem Kopf zusammenschlagen zu lassen?" „Ihr versteht mich nicht!" sagte das Entenjunge. „Wenn wir dich nicht verstehen, wer sollte dich dann verstehen! Du willst doch nicht etwa klüger sein als der Kater und die Frau, von mir ganz zu schweigen! Stell dich nicht an, Kind, und danke deinem Schöpfer für all das Gute, das man für dich getan hat! Bist du nicht in eine warme Stube gekommen und hast Gesellschaft, von der du etwas lernen kannst? Aber du bist ein Faselhans, und es macht keinen Spaß, mit dir zu verkehren! Mir kannst du glauben! Ich meine es gut mit dir, ich sage dir unangenehme Dinge, und daran kann man seine wahren Freunde erkennen! Sieh du nur zu, daß du Eier legst und schnurren oder knistern lernst!" „Ich glaube, ich gehe in die weite Welt hinaus!" sagte das Entlein. „Ja, tu das nur!" sagte das Huhn. Und dann ging das Entchen; es schwamm auf dem Wasser, es tauchte unter, aber es wurde von allen Tieren wegen seiner Häßlichkeit übersehen.

Dann kam der Herbst, die Blätter im Wald wurden gelb und braun, der Wind ergriff sie, so daß sie tanzten, und oben in der Luft war es kalt; die Wolken hingen schwer von Hagel und Schnee, und auf dem Zaun saß der Rabe und schrie vor lauter Kälte: „Au! Au!" Ja, es konnte einen richtig frösteln, wenn man daran dachte; das arme Entenjunge hatte es wahrhaftig nicht gut.

Eines Abends kam ein ganzer Schwarm von wunderschönen großen Vögeln aus den Büschen, das Entlein hatte nie so schöne gesehen, sie waren glänzend weiß, mit langen, geschmeidigen Hälsen; es waren Schwäne. Sie stießen einen ganz eigentümlichen Laut aus, breiteten ihre prächtigen langen Fittiche aus und flogen aus den kalten Gegenden in wärmere Länder, an offene Seen! Sie stiegen hoch, so hoch, und dem häßlichen kleinen Entlein wurde es ganz wundersam zumute; es drehte sich im Wasser herum wie ein Rad, streckte den Hals und stieß einen Schrei nach ihnen aus, hoch in die Luft, so laut und seltsam, daß ihm selber ganz bange dabei wurde. Oh, es konnte die schönen, glücklichen Vögel nicht vergessen, und sobald es sie nicht mehr erblicken konnte, tauchte es bis auf den Grund, und als es wieder hochkam, war es ganz außer Rand und Band. Es wußte nicht, wie die Vögel hießen, wußte nicht, wohin sie flogen, aber dennoch liebte es sie, wie es bisher nie jemanden geliebt hatte; es beneidete sie gar nicht, wie konnte es ihm in den Sinn kommen, sich eine solche Schönheit zu wünschen, es wäre froh gewesen, wenn wenigstens die Enten es unter sich geduldet hätten — das arme, häßliche Tier!

Und der Winter wurde kalt, so kalt! Das Entlein mußte herumschwimmen,

um zu verhindern, daß das Wasser ganz zufror; aber jede Nacht wurde das Loch, in dem es schwamm, enger. Es fror, daß es in der Eisrinde krachte; das Entenjunge mußte ständig die Beine regen, damit das Loch sich nicht schloß. Zuletzt war es erschöpft, lag ganz still und fror im Eise fest. Früh am Morgen kam ein Bauersmann, er sah es, ging hinaus und schlug mit seinem Holzschuh das Eis entzwei und trug das Entenjunge zu seiner Frau nach Hause. Dort wurde es ins Leben zurückgerufen. Die Kinder wollten mit ihm spielen, aber das Entlein glaubte, sie wollten ihm ein Leid zufügen, und sauste vor Schreck mitten in die Milchschüssel, so daß die Milch in die Stube spritzte; die Frau schrie und schlug die Hände über dem Kopf zusammen, da flog es in die Schüssel, in der die Butter lag, und dann in die Mehltonne und wieder heraus. Na, wie das jetzt aussah! Die Frau schrie und schlug mit der Feuerzange nach ihm, die Kinder purzelten eines über das andere, um das Entenjunge zu fangen, und sie lachten, und sie schrien! Es war nur gut, daß die Tür offenstand, so schoß es hinaus zwischen die Sträucher in den frischgefallenen Schnee, und da lag es wie tot.

Aber es wäre zu trostlos, wollte man von all der Not und dem Elend erzählen, das es in diesem harten Winter durchmachen mußte. Es lag im Sumpf zwischen dem Schilf, als die Sonne wieder anfing, warm zu scheinen; die Lerchen sangen, es war ein schöner Frühling. Da schwang das Entlein mit einem Mal seine Flügel, sie rauschten stärker als früher und trugen es kräftig davon, und eh es sich so recht versah, war es in einem großen Garten, wo die Apfelbäume in Blüte standen, wo der Flieder duftete und seine langen, grünen Zweige bis zu den gewundenen Kanälen hinabhängen ließ. Oh, hier war es so schön, so frühlingsfrisch! Und gerade vor ihm aus dem Dickicht kamen drei prächtige weiße Schwäne; sie rauschten mit den Fittichen und schwammen leicht auf dem Wasser dahin. Das Entlein erkannte die prächtigen Tiere wieder und wurde von einer seltsamen Traurigkeit befallen. „Ich will zu ihnen hinfliegen, zu den königlichen Vögeln! Und sie werden mich töten, weil ich, der ich so häßlich bin, mich ihnen zu nähern wage! Aber das ist mir einerlei! Lieber von ihnen getötet, als von den Enten gezwackt, von den Hühnern gehackt und von der Magd, die den Hühnerhof versorgt, gestoßen zu werden und im Winter Qualen zu leiden!" Und es flog ins Wasser hinaus und schwamm den prächtigen Schwänen entgegen, diese sahen es und rauschten mit brausendem Gefieder auf es zu. „Tötet mich nur!" sagte das arme Tier, neigte den Kopf bis auf die Wasserfläche hinab und wartete auf den Tod. Aber was sah es in dem klaren Wasser? Es sah sein eigenes Bild unter sich, aber es war nicht mehr ein unbeholfener, schwarzgrauer Vogel, garstig und häßlich, es war selber ein Schwan. Es macht nichts, daß man auf dem Entenhof geboren ist, wenn man nur in einem Schwanenei gelegen hat!

Es war richtig froh über all die Not und Unbilden, die es durchgemacht hatte; nun konnte es sein Glück erst schätzen, all die Schönheit, die es begrüßte. Und die großen Schwäne schwammen rund um das Junge herum und streichelten es mit dem Schnabel. In den Garten kamen einige kleine Kinder, die warfen Brot und Körner ins Wasser, und das Kleinste rief: „Da ist ein neuer!" Und die anderen Kinder jubelten auch: „Ja, da ist ein neuer gekommen!" Und sie klatschten in die Hände und tanzten herum, holten die Eltern, und es wurde Brot und Kuchen ins Wasser geworfen, und alle sagten: „Der neue ist der schönste! So jung und so prächtig!" Und die alten Schwäne verneigten sich vor ihm.

Da fühlte er sich ganz beschämt und steckte den Kopf unter die Flügel, er wußte selber nicht, warum! Er war viel zu glücklich, jedoch nicht stolz, denn ein gutes Herz wird niemals stolz! Er dachte daran, wie er verfolgt und verhöhnt worden war, und hörte nun alle sagen, daß er der schönste von allen schönen Vögeln sei. Und der Flieder neigte seine Zweige bis zu ihm ins Wasser hinab, und die Sonne schien so warm und so gut, da brauste sein Gefieder, der schlanke Hals reckte sich, und aus tiefem Herzen jubelte er: „Soviel Glück habe ich mir nicht träumen lassen, als ich noch das häßliche Entlein war!"

Das Mädchen mit den Schwefelhölzern

Kleine Märchenkunde

Diese Geschichte schrieb Andersen, nachdem er einen Holzschnitt mit einem armen Kind, das auf der Straße Streichhölzer feilbietet, gesehen hatte. Der Herausgeber eines Volkskalenders hatte Andersen drei Holzschnitte übersandt und ihn gebeten, über einen davon eine Erzählung zu schreiben. Er wählte den vom Streichholzmädchen. Das ist, soweit bekannt, das einzige Mal, daß Andersen sich von einem Bild zu einer Geschichte anregen ließ. Es wurde eine traurige Geschichte, trotz der heiteren Auflösung am Ende. Darin ist sie vielen anderen bekannten Andersen-Märchen verwandt wie Die kleine Seejungfrau, Der Tannenbaum *oder* Der standhafte Zinnsoldat, *deren heiter-gelöste Stimmung vor dem Hintergrund einer besinnlichen Trauer entsteht.* Das Mädchen mit den Schwefelhölzern *paßt in die Weihnachtszeit, um Menschen daran zu erinnern, daß es draußen, außerhalb unserer warmen, geschmückten, geschenkbeladenen Stuben, Menschen gibt, die nicht einmal das Notwendigste zum Überleben haben.*

Es war der letzte Tag im Jahre, und die Dunkelheit brach bereits herein. Es schneite und war grimmig kalt. In dieser Kälte und Finsternis ging auf der Straße ein kleines, armes Mädchen mit bloßem Kopfe und nackten Füßen. Als sie von zu Hause wegging, hatte sie wohl Pantoffeln angehabt; es waren sehr große Pantoffeln gewesen, die früher ihre Mutter getragen hatte. Das kleine Mädchen hatte sie verloren, als sie schnell über die Straße lief, um nicht von einer Kutsche überfahren zu werden.

Da ging sie nun auf den kleinen nackten Füßen, die vor Kälte ganz rot und blau waren. In einer alten Schürze trug sie eine Menge Schwefelhölzer und einen Bund hatte sie in der Hand. Heute hatte ihr noch niemand etwas abgekauft, niemand ihr ein Almosen geschenkt. Sie war schon ganz verzagt; zitternd vor Kälte und Hunger schlich sie dahin. Die Schneeflocken fielen auf ihr langes blondes Haar, das in lockigen Wellen auf ihren Hals herabfloß.

Aber daran dachte
sie nun freilich nicht. Aus allen Fenstern glänzten die Lichter, und es roch ganz herrlich nach Gänsebraten, es war ja Silvesterabend. Und daran dachte sie.

In einem Winkel, den zwei Häuser bildeten, von denen das eine etwas in die Straße vorsprang, kauerte sie sich nieder. Sie fror sehr, getraute sich aber nicht, nach Hause zu gehen, weil sie noch nicht für einen Pfennig Streichhölzer verkauft hatte. Sie hätte gewiß von ihrem Vater Schläge bekommen, und kalt war es ja zu Hause auch, denn sie wohnten dicht unter dem Dache, und da pfiff der Wind überall herein. Sie fror entsetzlich! Ob sie wohl wagen durfte, ein Schwefelhölzchen anzuzünden und sich die erstarrten Händchen daran zu wärmen? Sie zog eins heraus und zündete es, ritsch! an. Hell flammte und sprühte es auf! O wie schön warm war die kleine Flamme! Die Kleine glaubte, am warmen Ofen zu sitzen, und streckte ihre Füßchen aus, um auch diese zu wärmen. Da erlosch die Flamme, der Ofen war verschwunden, und sie saß da mit dem abgebrannten Endchen des Schwefelholzes in der Hand.

Sie zündete ein neues an; es leuchtete auf, und die Stelle der Mauer, worauf der Schein fiel, wurde durchsichtig wie ein Schleier. Die Kleine konnte gerade in eine Stube hineinsehen, wo ein festlich gedeckter Tisch stand, und drauf ein herrlich duftender Gänsebraten mit Äpfeln und getrockneten Pflaumen gefüllt. Und o Wunder, die Gans sprang aus der Schüssel herunter und watschelte gerade auf das kleine Mädchen zu! Da ging das Streichholz aus und nur die kalte Mauer war noch zu sehen. Sie zündete noch ein Hölzchen an. Da saß sie unter einem großen, herrlich geschmückten Weihnachtsbaum. Tausende von Lichtern brannten auf den grünen Zweigen, und bunte Bilder, wie sie sie in den Schaufenstern bewundert hatte, sahen auf sie hernieder. Die Kleine streckte beide Händchen danach aus — da erlosch das Schwefelholz, die vielen Weihnachtslichter stiegen höher, immer höher, und sie sah sie jetzt als Sterne am Himmel. Einer davon fiel herab und bildete einen langen Feuerstreifen am Himmel.

„Jetzt stirbt jemand!" dachte die Kleine, denn sie hatte von ihrer guten alten Großmutter, die längst tot war, gehört, daß jedesmal, wenn ein Stern herunterfällt, eine Seele zu Gott emporsteigt. Wieder entzündete sie ein Hölzchen an der Mauer, und in seinem Glanze sah sie die alte Großmutter, welche mild und liebevoll vor ihr stand. „Liebe Großmutter!" rief die Kleine, „Nimm mich mit! Ich weiß, daß du verschwindest, wenn das Schwefelhölzchen erlischt, wie der warme Ofen, der herrliche Gänsebraten und der prächtige Weihnachtsbaum!" Und in eilender Hast strich sie ein Streichhölzchen nach dem andern an, um die Großmutter festzuhalten. Die Großmutter war früher nie so schön, so groß gewesen; sie nahm das kleine Mädchen auf ihre Arme, und beide flogen in Glanz und Freude so hoch, so hoch. Und dort oben war weder Kälte, noch Hunger, noch Angst — sie waren bei Gott!

Aber als der Morgen hereinbrach, fanden die Leute im Winkel zwischen den Häusern ein kleines Mädchen mit roten Wangen und einem Lächeln auf den Lippen, tot, erfroren am letzten Abend des alten Jahres. Um sie herum lagen die abgebrannten Schwefelhölzchen. „Sie hat sich wärmen wollen", sagten die Leute; sie wußten nicht, was sie Schönes gesehen hatte und wie sie mit ihrer alten Großmutter zur Neujahrsfreude eingegangen war.

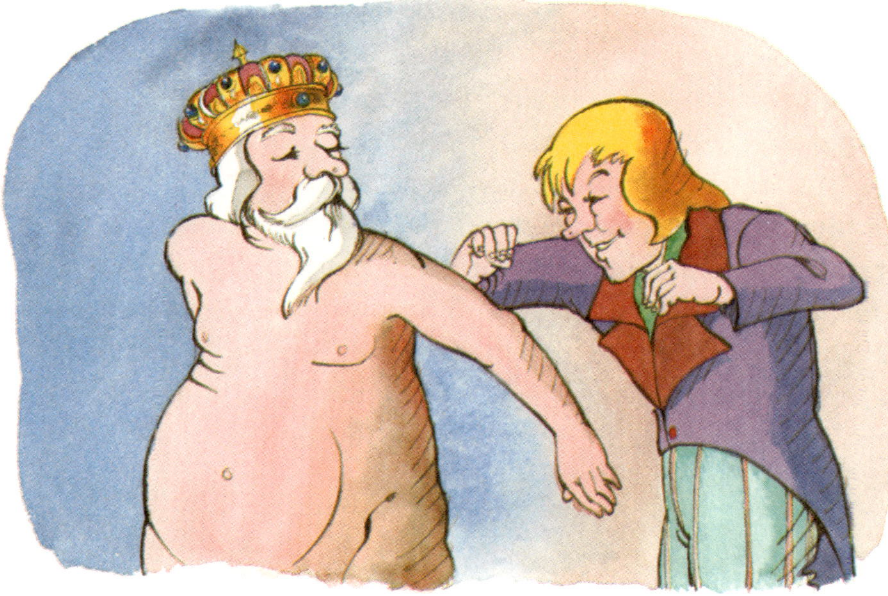

Des Kaisers neue Kleider

Kleine Märchenkunde

Die Schwankerzählung von den neuen Kleidern des Kaisers ist eine gelungene Parodie auf mangelnde Zivilcourage, auf Eingebildetheit, Dummheit und Mitläufertum. Der besondere Witz liegt darin, daß ein Kaiser diese Schwächen hat, der ja eigentlich strahlendes Vorbild sein müßte. Die Idee zur Geschichte verdankt Andersen einer Anekdote des spanischen Schriftstellers Juan Manuel (1282 – ca. 1349), die sich an orientalische Vorbilder anlehnte. Andersen machte aus dem maurischen König der Vorlage einen Kaiser, ohne dessen Reich geographisch festzulegen: Es könnte überall sein, und das bedeutet, daß wir alle gemeint sind.
In der ursprünglichen Handschrift des dänischen Dichters endet die Erzählung damit, daß jeder des Kaisers neue Kleider bewundert. Die Moral der Geschichte: Die Menschen lassen sich nur zu gern und leicht täuschen. Danach las Andersen die Erzählung vermutlich einem Kind vor und entschloß sich nach dessen Reaktion zu einer Änderung. Als das Manuskript bereits in der Druckerei war, schrieb er an den Korrektor und bat ihn, den Schluß anzufügen, den wir heute kennen und der dem kleinen Meisterwerk erst die richtige Würze verleiht. Gerade in unserer heutigen Zeit, wo eine Mode die andere jagt, ein Stern nach dem anderen aufgeht am Himmel der Politik, Gesellschaft, Kunst und Literatur, sollten wir öfter die Dinge mit der mutigen Unbefangenheit des Kindes betrachten und sagen: Der „Kaiser" hat ja nichts an!

Vor vielen Jahren lebte ein Kaiser, der hübsche Kleider so über alle Maßen liebte, daß er all sein Geld dafür ausgab, um recht geputzt zu sein. Er machte sich nichts aus seinen Soldaten, kümmerte sich nicht um das Theater und liebte es nicht, spazierenzufahren, es sei denn, um seine neuen Kleider zu zeigen. Er hatte einen Rock für jede Stunde des Tages, und wie man von einem König sagt: „Er ist im Rat", so sagte man hier immer: „Der Kaiser ist in der Garderobe!"

In der großen Stadt, in der er wohnte, ging es sehr vergnüglich zu. Täglich kamen viele Fremde an. Eines Tages kamen zwei Betrüger, die gaben sich als Weber aus und sagten, sie verständen den schönsten Stoff zu weben, den man sich denken könne. Nicht allein die Farben und das Muster wären außerordentlich schön, sondern die Kleider, die aus diesem Stoff genäht würden, hätten die erstaunliche Eigenschaft, daß sie für jeden Menschen unsichtbar blieben, der nicht für sein Amt tauge oder der unverzeihlich dumm sei.

„Das müßten ja wunderbare Kleider sein", dachte der Kaiser, „wenn ich die anhätte, könnte ich ja dahinterkommen, welche Männer in meinem Reich nicht für das Amt taugen, das sie innehaben; ich könnte die Klugen von den Dummen unterscheiden; ja, dieser Stoff muß sofort für mich gewebt werden!" Und er gab den beiden Betrügern viel Geld an die Hand, damit sie mit ihrer Arbeit beginnen sollten.

Sie stellten auch zwei Webstühle auf und taten, als ob sie arbeiteten, aber sie hatten nicht nicht das geringste auf dem Webstuhl. Frischweg verlangten sie die feinste Seide und das prächtigste Gold; das steckten sie in ihren eige-

nen Beutel und arbeiteten an den leeren Webstühlen, und zwar bis tief in die Nacht hinein.

„Nun möchte ich doch gerne wissen, wie weit sie mit ihrem Zeug sind!" dachte der Kaiser, aber ihm war schon ein bißchen wunderlich ums Herz, wenn er daran dachte, daß derjenige, der dumm sei oder gar nicht für sein Amt tauge, das Zeug nicht sehen könne. Nun glaubte er zwar, er brauche um sich selbst keine Sorge zu haben, aber er wollte doch erst einen anderen hinschicken, der nachsehen sollte, wie es stände. Alle Menschen in der ganzen Stadt wußten, welch seltsame Kraft der Stoff hatte, und jeder war darauf erpicht zu sehen, wie schlecht oder dumm sein Nachbar sei.

„Ich schicke meinen alten, ehrlichen Minister zu den Webern!" dachte der Kaiser. „Er kann am besten sehen, wie der Stoff sich ausnimmt, denn er hat Verstand, und keiner versteht sein Amt besser als er!" So ging denn der alte, brave Minister in den Saal, wo die beiden Betrüger saßen und an den leeren Webstühlen arbeiteten. „Gott im Himmel!" dachte der alte Minister und sperrte die Augen auf, „Ich kann ja nichts sehen!" Aber das sagte er nicht.

Beide Betrüger forderten ihn auf, er möge so gut sein und näher treten, und fragten, ob es nicht ein schönes Muster und herrliche Farben seien. Dann zeigten sie auf den leeren Webstuhl, und der arme Minster sperrte die Augen immer weiter auf, aber er konnte nichts sehen, denn es war ja nichts da. „Herrgott!" dachte er, „Sollte ich dumm sein? Das habe ich nie gedacht, und das darf kein Mensch erfahren! Sollte ich für mein Amt nichts taugen? Nein, es geht nicht, daß ich erzähle, ich könnte den Stoff nicht sehen!"

„Nun, Sie sagen nichts darüber?" sagte der eine, der webte. „Oh, es ist wunderhübsch! Ganz allerliebst!" sagte der alte Minister und blickte durch seine Brille. „Dies Muster und diese Farben! Ja, ich werde dem Kaiser sagen, daß es mir ganz besonders gefällt!" „Nun, das freut uns!" sagten die beiden Weber, und nun nannten sie die Farben beim Namen und erklärten das seltsame Muster. Der alte Minister hörte gut zu, damit er dasselbe sagen könnte, wenn er zum Kaiser zurückkäme, und das tat er. Nun forderten die Betrüger mehr Geld, mehr Seide und Gold, welches sie zum Weben brauchten. Sie steckten alles in ihre eigenen Taschen, auf den Webstuhl kam kein Fädchen, aber sie fuhren fort wie vorher, an dem leeren Webstuhl zu weben.

Der Kaiser schickte bald wieder einen braven Beamten hin, der sich ansehen sollte, wie es mit dem Weben ginge und ob der Stoff bald fertig wäre. Es erging ihm genauso wie dem Minister, er guckte und guckte, da aber nichts da war außer den leeren Webstühlen, konnte er nichts sehen. „Ist es nicht ein

hübsches Stück Stoff?" fragten die beiden Betrüger und zeigten und erklärten das wunderbare Muster, das gar nicht da war. „Dumm bin ich nicht!" dachte der Mann, „Es ist also mein gutes Amt, zu dem ich nicht tauge. Das wäre wirklich komisch, aber da darf man sich nichts anmerken lassen!" Und so lobte er den Stoff, den er nicht sah, und versicherte den beiden seine Freude über die schönen Farben und das wundervolle Muster. „Ja, es ist ganz allerliebst!" sagte er zum Kaiser.

Alle Menschen in der Stadt redeten von dem prachtvollen Stoff. Nun wollte ihn der Kaiser selber sehen, während er noch auf dem Webstuhl war. Mit einer ganzen Schar auserwählter Männer, unter denen auch die beiden braven Beamten waren, die vorher schon dort gewesen waren, ging er zu den listigen Betrügern, die nun aus allen Kräften webten, aber ohne Garn und Faden.

„Ist das nicht prächtig!" sagten die beiden braven Beamten. „Belieben Euer Majestät sich anzusehen, welches Muster, welche Farben!" Und dann zeigten sie auf den leeren Webstuhl, denn sie glaubten, die anderen könnten den Stoff wohl sehen.

„Was ist das?" dachte der Kaiser, „Ich sehe nichts! Das ist ja schrecklich! Bin ich dumm? Tauge ich nicht dazu, Kaiser zu sein? Das wäre das Schrecklichste,

was mir zustoßen könnte!" „Oh, es ist sehr hübsch", sagte er, „es hat meinen allerhöchsten Beifall!" Und er nickte befriedigt und betrachtete den leeren Webstuhl, denn er wollte nicht sagen, daß er nichts sehen könne. Das ganze Gefolge, welches er bei sich hatte, guckte und guckte, es kam aber nicht mehr dabei heraus als bei allen anderen, sie sagten jedoch wie der Kaiser: „Oh, es ist wunderhübsch!" Und sie rieten ihm, die Kleider aus diesem neuen prächtigen Stoff zum ersten Mal bei der großen Prozession anzuziehen, die bevorstand. „Es ist herrlich, bezaubernd, exzellent!" ging es von Mund zu Mund, und man schien allenthalben herzlich erfreut darüber. Der Kaiser verlieh den beiden Betrügern den Titel „Kaiserliche Hofweber."

Die ganze Nacht vor dem Vormittag, an dem die Prozession stattfinden sollte, blieben die Betrüger auf und hatten über sechzehn Kerzen brennen. Die Leute konnte sehen, daß sie große Eile hatten, des Kaisers neue Kleider fertigzumachen. Sie taten so, als nähmen sie den Stoff vom Webrahmen, sie schnitten in der Luft mit großen Scheren zu, sie nähten mit Nähnadeln ohne Faden und sagten schließlich: „Seht, nun sind die Kleider fertig!"

Der Kaiser mit seinen vornehmsten Kavalieren kam selbst dorthin, und beide Betrüger hoben den einen Arm hoch, als hielten sie etwas, und sagten: „Seht, hier sind die Beinkleider! Hier ist der Rock! Hier ist der Mantel!" und so immer fort. „Es ist so leicht wie Spinnweben! Man sollte meinen, man habe nichts am Leibe, aber gerade das ist das Schöne daran!" „Ja!" sagten alle Kavaliere, aber sie konnten nichts sehen, denn da war nichts. „Möchten nun Euer Kaiserliche Majestät allergnädigst belieben, Ihre Kleider auszuziehen", sagten die Betrüger, „dann ziehen wir Ihnen die neuen an hier vor dem großen Spiegel!" Der Kaiser zog alle seine Kleider aus, und die Betrüger taten nun so, als zögen sie ihm jedes Stück von den neuen an, und sie griffen ihm um den Leib und taten so, als bänden sie etwas fest, das sollte die Schleppe sein. Und der Kaiser wandte und drehte sich vor dem Spiegel. „Gott, wie gut es kleidet! Wie wunderbar es sitzt!" sagten alle. „Welch ein Muster! Welche Farben! Das ist ein kostbares Gewand!" „Draußen stehen sie mit dem Thronhimmel, der bei der Prozession über Eurer Majestät getragen werden soll!" sagte der Oberzeremonienmeister. „Ja, ich bin soweit!" sagte der Kaiser. „Sitzt es nicht gut?" Und dann drehte er sich noch einmal vor dem Spiegel, denn es sollte aussehen, als betrachtete er sich so richtig in seinem Staat. Die Kammerherren, die die Schleppe tragen sollten, tasteten mit den Händen über den Fußboden hin, als würden sie die Schleppe aufheben, sie gingen und taten so, als hielten sie etwas in die Höhe, sie wagten es nicht, sich anmerken zu lassen, daß sie nichts sehen konnten.

So ging nun der Kaiser unter dem schönen Thronhimmel in der Prozession, und alle Menschen auf der Straße und in den Fenstern sagten: „Gott, wie unvergleichlich sind des Kaisers neue Kleider! Was für eine wunderbare Schleppe trägt er am Rock! Wie schön alles sitzt!" Keiner wollte es sich anmerken lassen, daß er nichts sehen konnte, denn sonst hätte er ja für sein Amt nicht getaugt oder wäre sehr dumm gewesen. Keines von des Kaisers Kleidern hatte jemals soviel Anklang gefunden. „Aber er hat ja nichts an!" sagte plötzlich ein kleines Kind. „Herrgott, hört die Stimme des Unschuldigen!" sagte der Vater; und einer flüsterte es dem anderen zu, was das Kind gesagt hatte. „Er hat ja nichts an!" rief zuletzt das ganze Volk. Das erschreckte den Kaiser, denn es schien ihm, als ob sie recht hätten, aber er dachte bei sich: „Jetzt muß ich die Prozession durchhalten." Und dann gingen die Kammerherren noch stolzer und trugen die Schleppe, die gar nicht da war.

Der Hase und der Igel

Kleine Märchenkunde

Hase und Igel sind ein typisches Gegensatzpaar der Volkserzählung. Und immer legt das eigentlich schwächere (hier das langsamere) Tier, das stärkere (hier schnellere) herein, weil es mehr Grips hat, pfiffiger ist (wie Das tapfere Schneiderlein*). In Amerika zum Beispiel ist es immer das Kaninchen, das weitaus gefährlichere Tiere durch List überwindet. Unser Beifall gilt dann der Intelligenzleistung, unser Spott dem dümmeren Verlierer. Aber es ist nicht nur im Märchen so: Denn dieses spiegelt lediglich die Wirklichkeit wider. Der Tierschwank vom Wettlauf des Hasen mit dem Igel ist eine sehr beliebte Volkserzählung, deren Überlieferung erstaunlich weit zurückgeht. Aus dem 5. Jahrhundert v. Chr. ist eine griechische Vase aufgefunden worden, auf der diese beiden Tiere im Wettstreit dargestellt sind. Sowohl Ludwig Bechstein — dessen Märchen im vorigen Jahrhundert beliebter und verbreiteter waren als die Grimmschen — als auch die Grimms haben die Erzählung in ihre Sammlungen aufgenommen. Beide fußten auf einer plattdeutschen Version, die 1840 in Hannover erschien. So unterscheidet sich das hier aufgenommene Bechsteinsche Märchen auch nur dadurch von dem Grimmschen, daß es ins Hochdeutsche übersetzt wurde.*

Bekannt waren noch eine ganze Reihe weiterer Varianten. Diese gehen auf sehr frühe mittelalterliche Fassungen zurück. So zum Beispiel ein altdeutsches Gedicht aus dem 13. Jahrhundert, das den Wettlauf zwischen dem Fuchs und dem Krebs berichtet. Dieser hält sich mit seinen Scheren am Schwanz des Fuchses fest und gelangt so eher zum Ziel. Nach einer anderen Überlieferung findet der Wettlauf zwischen einem Hasen und einer Schnecke statt. Hier ist der Hase so überzeugt von seiner Überlegenheit, daß er einschläft und von der Schnecke besiegt wird.

Diese Geschichte klingt so lügenhaft, Kinder, aber wahr ist sie doch, denn mein Großvater, von dem ich sie habe, pflegte immer, wenn er sie erzählte, dabei zu sagen: „Wahr muß sie doch sein, meine Kinder, denn sonst könnte man sie ja nicht erzählen." Die Geschichte aber hat sich so zugetragen:

Es war einmal an einem Sonntagmorgen in der Herbstzeit, just als der Buchweizen blühte. Die Sonne war goldig am Himmel aufgegangen, der Morgenwind ging frisch über die Stoppeln, die Lerchen sangen in der Luft, die Bienen summten in dem Buchweizen, und die Leute gingen in ihren Sonntagskleidern zur Kirche, kurz, alle Kreatur war vergnügt und der Igel auch.

Der Igel aber stand vor seiner Tür, hatte die Arme übereinandergeschlagen, guckte dabei in den Morgenwind hinaus und trällerte ein Liedchen vor sich hin, so gut und so schlecht, wie nun eben am lieben Sonntagmorgen ein Igel zu singen vermag. Indem er nun noch so halbleise vor sich hinsang, fiel ihm auf einmal ein, er könne wohl, während seine Frau die Kinder wüsche und anzöge, ein bißchen im Felde spazierengehen und sich dabei umsehen, wie seine Steckrüben stünden. Die Steckrüben waren das nächste bei seinem Hause, und er pflegte mit seiner Familie davon zu essen; und deshalb sah er sie denn auch als die seinigen an. Der Igel machte die Haustüre hinter sich zu und schlug den Weg zu den Feldern ein. Er war noch nicht sehr weit vom Hause und wollte just um den Schlehenbusch, der da vor dem Felde liegt, hinausschlendern, als ihm der Hase begegnete, der in ähnlichen Geschäften ausgegangen war, nämlich um seinen Kohl zu besehen. Als der Igel den Hasen sah, bot er ihm einen freundlichen guten Morgen. Der Hase aber, der ein gar vornehmer Herr war und mächtig hochmütig dazu, antwortete nicht auf des Igels Gruß, sondern sagte zu ihm, wobei er eine gewaltig höhnische Miene annahm: „Wie kommt es denn, daß du schon in so früher Morgenstunde im Felde rumläufst?" „Ich gehe spazieren", sagte der Igel. „Spazieren?" lachte der Hase, „Mich dünkt, du könntest deine Beine auch wohl zu besseren Dingen gebrauchen." Diese Antwort verdroß den Igel über alle Maßen, denn alles kann er vertragen, aber auf seine Beine läßt er nichts kommen, eben weil sie von Natur schief sind. „Du bildest dir wohl ein", sagte nun der Igel, „daß du mit deinen Beinen mehr ausrichten kannst?" „Das denk' ich", sagte der Hase. „Nun, es käme auf einen Versuch an", meinte der Igel, „ich wette, wenn wir wettlaufen, so laufe ich dir davon." „Das ist zum Lachen, du mit deinen schiefen Beinen!" sagte der Hase, „Aber meinetwegen mag es sein, wenn du so übergroße Lust hast. Was gilt die Wette?" „Einen goldenen Taler und ein Flasche Schnaps", sagte der Igel. „Angenommen",

sprach der Hase, „schlag ein, und dann kann's gleich losgehen." „Nein, so große Eile hat es nicht", meinte der Igel, „ich bin noch ganz nüchtern; erst will ich nach Hause gehn und ein bißchen frühstücken. In einer halben Stunde bin ich auf dem Platze." Darauf ging der Igel, denn der Hase war es zufrieden.

Unterwegs dachte der Igel bei sich: „Der Hase verläßt sich auf seine langen Beine, aber ich will ihn schon kriegen. Er dünkt sich zwar, ein vornehmer Herr zu sein, ist aber doch ein dummer Kerl, und bezahlen muß er doch." Als nun der Igel zu Hause ankam, sagte er zu seiner Frau: „Frau, zieh dich eilig an, du mußt mit ins Feld hinaus!" „Was gibt es denn?" fragte die Frau. „Ich habe mit dem Hasen um einen goldenen Taler und eine Flasche Schnaps gewettet, ich will mit ihm um die Wette laufen, und da sollst du dabei sein." „O mein Gott, Mann!" schrie dem Igel seine Frau, „Bist du nicht klug, hast du den Verstand verloren? Wie kannst du mit dem Hasen um die Wette laufen wollen?" „Halt das Maul, Weib", sagte der Igel, „das ist meine Sache! Misch dich nicht in Männerge-

schäfte! Marsch, zieh dich an, und dann komm mit!" Was sollte dem Igel seine Frau machen? Sie mußte wohl folgen, sie mochte wollen oder nicht. Als sie nun miteinander unterwegs waren, sprach der Igel zu seiner Frau: „Nun paß auf, was ich dir sagen werde! Sieh, auf dem langen Acker dort wollen wir unsern Wettlauf machen. Der Hase läuft nämlich in der einen Furche und ich in der andern, und von oben fangen wir an zu laufen. Nun hast du weiter nichts zu tun, als dich hier unten in die Furche zu setzen, und wenn der Hase auf der andern Seite ankommt, so rufst du ihm entgegen: „Ich bin schon da!"

Damit waren sie beim Acker angelangt, der Igel wies seiner Frau ihren Platz an und ging nun den Acker hinauf. Als er oben ankam, war der Hase schon da. „Kann es losgehen?" fragte der Hase. „Jawohl", erwiderte der Igel. „Dann man zu!" Und damit stellte sich jeder in seine Furche. Der Hase zählte: „Eins, zwei, drei!" und los ging er wie ein Sturmwind den Acker hinunter. Der Igel aber lief nur ungefähr drei Schritte, dann duckte er sich in die Furche nieder und blieb ruhig sitzen.

Als nun der Hase im vollen Laufe unten ankam, rief ihm dem Igel seine Frau entgegen: „Ich bin schon da!" Der Hase stutzte und verwunderte sich nicht wenig. Er meinte nicht anders, es wäre der Igel selbst, der ihm das zurufe, denn bekanntlich sieht dem Igel seine Frau genau so aus wie ihr Mann.

Der Hase aber meinte: „Das geht nicht mit rechten Dingen zu." Er rief: „Noch einmal gelaufen, wieder herum!" Und fort ging es wieder wie der Sturmwind, so daß ihm die Ohren am Kopf flogen. Dem Igel seine Frau aber blieb ruhig auf ihrem Platz. Als nun der Hase oben ankam, rief ihm der Igel entgegen: „Ich bin schon da!" Der Hase aber, ganz außer sich vor Eifer, schrie: „Nochmal gelaufen, wieder herum!" „Mir recht", antwortete der Igel, „meinetwegen so oft, wie du Lust hast." So lief der Hase dreiundsiebzigmal, und der Igel hielt es immer mit ihm aus. Jedesmal, wenn der Hase unten oder oben ankam, sagte der Igel oder seine Frau: „Ich bin schon da!"

Zum vierundsiebzigsten Mal aber kam der Hase nicht mehr zu Ende. Mitten auf dem Acker stürzte er zur Erde, das Blut floß ihm aus dem Halse, und er blieb tot auf dem Platze. Der Igel aber nahm seinen gewonnenen Taler und die Flasche Branntwein, rief seine Frau aus der Furche, und beide gingen vergnügt nach Hause, und wenn sie nicht gestorben sind, leben sie noch.

So begab es sich, daß auf der Buxtehuder Heide der Igel den Hasen zu Tode gelaufen hat, und seit jener Zeit hat es sich kein Hase wieder einfallen lassen, mit dem Buxtehuder Igel um die Wette zu laufen.

Die Lehre aber aus dieser Geschichte ist erstens, daß keiner, und wenn er sich auch noch so vornehm dünkt, sich einfallen lassen soll, sich über den geringen Mann lustig zu machen, und wäre es auch nur ein Igel. Und zweitens, daß es geraten ist, wenn einer heiratet, daß er sich eine Frau aus seinem Stande nimmt, die so aussieht, wie er selbst. Wer also ein Igel ist, der muß darauf achten, daß seine Frau auch ein Igel ist.

Der gestiefelte Kater

Kleine Märchenkunde

Das Märchen gehört zum Erzählkreis der Geschichten von hilfreichen Tieren, die entscheidenden Anteil am Glück des Helden haben. Im Gestiefelten Kater *findet das Thema seine liebenswürdigste Ausprägung. Hier ist der ansonsten nur kurz im entscheidenden Moment auftauchende Märchenhelfer, über dessen Eigenarten so gut wie nie etwas gesagt wird, zur farbigen Persönlichkeit geworden, die loyal, mit Raffinesse und Einfallsreichtum dem Herrn zum Erfolg verhilft, den er aus eigener Kraft nie erreicht hätte. Märchen zeigen nur sehr wenig von der sonst ziemlich starken Überheblichkeit des Menschen, der auf die Tiere herabschaut. Vielmehr schildern sie Tiere als Partner des Menschen oder als ihm sogar überlegen — im guten wie im schlechten Sinn —, als Gestalten, die wesentlichen Einfluß auf sein Schicksal nehmen können.*
Die 21jährige Jeanette Hassenpflug hat 1812 den Brüdern Grimm dieses Märchen erzählt. Ihre Mutter stammte aus einer in der Dauphiné beheimateten Hugenottenfamilie, bei Tisch wurde französisch gesprochen. Von den Hassenpflugs erfuhren die Grimms auch die Märchen vom Rotkäppchen, Blaubart *und der* Mäusebraut, *die alle aus französischer Überlieferung herrühren. Am bekanntesten wurde* Der gestiefelte Kater *durch die französische Fassung von Perrault, die auch der Romantiker Ludwig Tieck als Vorlage für sein satirisches Lustspiel (1797) benutzte. Seither hat die Beliebtheit dieser Märchengestalt kaum nachgelassen, und auch die Literatur des 20. Jahrhunderts hat sich ihrer oft angenommen.*

Ein Müller hatte drei Söhne, seine Mühle, einen Esel und einen Kater; die Söhne mußten mahlen, der Esel Getreide holen und Mehl forttragen, und die Katze die Mäuse wegfangen. Als der Müller starb, teilten sich die drei Söhne in die Erbschaft. Der älteste bekam die Mühle, der zweite den Esel, der dritte den Kater, weiter blieb nichts für ihn übrig. Da war er traurig und sprach zu sich selbst: „Ich hab es doch am allerschlimmsten, mein ältester Bruder kann mahlen, mein zweiter kann auf seinem Esel reiten, was kann ich mit dem Kater anfangen? Laß ich mir ein Paar Pelzhandschuhe aus seinem Fell machen, so ist's vorbei." „Höre", fing der Kater an, der alles verstanden hatte, „du brauchst mich nicht zu töten, um ein Paar schlechte Handschuh aus meinem Pelz zu kriegen, laß mir nur ein Paar Stiefel machen, daß ich ausgehen und mich unter den Leuten sehen lassen kann, dann soll dir bald geholfen sein." Der Müllerssohn verwunderte sich, daß der Kater so sprach, weil aber eben der Schuster vorbeiging, rief er ihn herein und ließ ihm ein Paar Stiefel anmessen. Als sie fertig waren, zog sie der Kater an, nahm einen Sack, machte den Boden desselben voll Korn, oben aber eine Schnur daran, womit man ihn zuziehen konnte, dann warf er ihn über den Rücken und ging auf zwei Beinen, wie ein Mensch, zur Tür hinaus.

Dazumal regierte ein König in dem Land, der aß die Rebhühner so gern, aber es waren keine zu kriegen. Der ganze Wald war voll, aber sie waren so scheu, daß kein Jäger sie erreichen konnte. Das wußte der Kater und gedachte seine Sache besser zu machen. Als er in den Wald kam, öffnete er den Sack, breitete das Korn auseinander, die Schnur aber leitete er hinter eine Hecke. Da versteckte er sich selber, schlich herum und lauerte. Die Rebhühner kamen bald gelaufen, fanden das Korn, und eins nach dem andern hüpfte in den Sack hinein. Als

eine gute Anzahl drin war, zog der Kater den Strick zu, lief herbei und drehte ihnen den Hals um; dann warf er den Sack auf den Rücken und ging geradewegs nach des Königs Schloß. Die Wache rief: „Halt! Wohin?“ „Zu dem König“, antwortete der Kater kurzweg. „Bist du toll, ein Kater zum König?“ „Laß ihn nur gehen“, sagte ein anderer, „der König hat doch oft Langeweile, vielleicht macht ihm der Kater mit seinem Brummen und Spinnen Vergnügen.“ Als der Kater vor den König kam, machte er eine Verbeugung und sagte: „Mein Herr, der Graf“, dabei nannte er einen langen und vornehmen Namen, „läßt sich dem Herrn König empfehlen und schickt ihm hier Rebhühner, die er eben in Schlingen gefangen hat.“ Der König erstaunte über die schönen fetten Rebhühner, wußte sich vor Freude nicht zu lassen und befahl, dem Kater so viel Gold aus der Schatzkammer in den Sack zu tun, als er tragen könne: „Das bring deinem Herrn und dank ihm noch vielmal für sein Geschenk.“

Der arme Müllerssohn aber saß zu Haus am Fenster, stützte den Kopf auf die Hand und dachte, daß er nun sein letztes Geld für die Stiefel des Katers weggegeben und der ihm kaum etwas Vernünftiges dafür bringen würde. Da trat der Kater herein, warf den Sack vom Rücken, schnürte ihn auf und schüttete das Gold vor den Müller hin: „Da hast du etwas für die Stiefel, der König läßt dich auch grüßen und dir viel Dank sagen.“ Der Müller war froh über den Reichtum, ohne daß er noch recht begreifen konnte, wie es zugegangen war. Der Kater aber, während er seine Stiefel auszog, erzählte ihm alles, dann sagte er: „Du hast zwar jetzt Geld genug, aber dabei soll es nicht bleiben, morgen zieh ich meine Stiefel wieder an, du sollst noch reicher werden, dem König hab ich auch gesagt, daß du ein Graf bist.“ Am andern Tag ging der Kater wohl gestiefelt, wie er gesagt hatte, wieder auf die Jagd und brachte dem König einen reichen Fang. So ging es alle Tage, und der Kater brachte alle Tage Gold heim und ward so beliebt bei dem König, daß er aus und ein gehen durfte und im Schloß herumstreichen, wo er wollte. Einmal stand der Kater in der Küche des Königs beim Herd und wärmte sich, da kam der Kutscher und fluchte: „Ich wünschte, der König und die Prinzessin wären beim Henker! Ich wollte ins Wirtshaus gehen und einmal trinken und Karten spielen, da soll ich sie spazierenfahren an den See.“ Wie der Kater das hörte, schlich er nach Haus und sagte zu seinem Herrn: „Wenn du ein Graf und reich werden willst, so komm mit mir hinaus an den See und bade dich darin.“ Der Müller wußte nicht, was er dazu sagen sollte, doch folgte er dem Kater, ging mit ihm, zog sich splitternackt

aus und sprang ins Wasser. Der Kater aber nahm seine Kleider, trug sie fort und versteckte sie. Kaum war er damit fertig, da kam der König dahergefahren. Der Kater fing sogleich an, erbärmlich zu lamentieren: „Ach, allergnädigster König! Mein Herr, der hat sich hier im See gebadet, da ist ein Dieb gekommen und hat ihm die Kleider gestohlen, die am Ufer lagen, nun ist der Herr Graf im Wasser und kann nicht heraus, und wenn er länger drin bleibt, wird er sich erkälten und sterben." Als der König das hörte, ließ er haltmachen, und einer von seinen Leuten mußte zurückjagen und von des Königs Kleidern holen.

Der Herr Graf zog die prächtigsten Kleider an, und weil ihm ohnehin der König wegen der Rebhühner, die er meinte, von ihm empfangen zu haben, gewogen war, so mußte er sich zu ihm in die Kutsche setzen. Die Prinzessin war auch nicht böse darüber, denn der Graf war jung und schön, und er gefiel ihr recht gut.

Der Kater aber war vorausgegangen und zu einer großen Wiese gekommen, wo über hundert Leute waren und Heu

machten. „Wem gehört die Wiese, ihr Leute?" fragte der Kater. „Dem großen Zauberer." „Hört, jetzt wird der König bald vorbeifahren, wenn der fragt, wem die Wiese gehört, so antwortet: dem Grafen; und wenn ihr das nicht tut, so werdet ihr alle totgeschlagen." Darauf ging der Kater weiter und kam an ein Kornfeld, so groß, daß es niemand übersehen konnte, da standen mehr als zweihundert Leute und schnitten das Korn. „Wem gehört das Korn, ihr Leute?" „Dem Zauberer." „Hört, jetzt wird der König vorbeifahren, wenn er fragt, wem das Korn gehört, so antwortet: dem Grafen; und wenn ihr das nicht tut, so werdet ihr alle totgeschlagen." Endlich kam der Kater an einen prächtigen Wald, da standen mehr als dreihundert Leute, fällten die großen Eichen und machten Holz. „Wem gehört der Wald, ihr Leute?" „Dem Zauberer." „Hört, jetzt wird der König vorbeifahren, wenn er fragt, wem der Wald gehört, so antwortet: dem Grafen; und wenn ihr das nicht tut, so werdet ihr alle umgebracht." Der Kater ging noch weiter, die Leute sahen ihm alle nach, und weil er so wunderlich aussah und wie ein Mensch in Stiefeln daherging, fürchteten sie sich vor ihm.

Er kam bald an des Zauberers Schloß, trat kecklich hinein und vor ihn hin. Der Zauberer sah ihn verächtlich an und fragte ihn, was er wolle. Der Kater machte eine Verbeugung und sagte: „Ich habe gehört, daß du dich in jedes Tier nach deinem Gefallen verwandeln könntest; was einen Hund, Fuchs oder auch Wolf betrifft, da will ich es wohl glauben, aber in einen Elefanten, das scheint mir ganz unmöglich, und deshalb bin ich gekommen, um mich selbst zu überzeugen." Der Zauberer sagte stolz: „Das ist mir eine Kleinigkeit", und war in dem Augenblick in einen Elefanten verwandelt. „Das ist großartig", sagte der Kater, „aber kannst du dich auch in einen Löwen verwandeln?" „Das ist auch nichts", sagte der Zauberer und stand als Löwe vor dem Kater. Der Kater stellte sich erschrocken und rief: „Das ist unglaublich und unerhört, dergleichen hätte ich mir im Traum nicht einfallen lassen; aber noch mehr als alles andere wäre es, wenn du dich auch in ein so kleines Tier wie eine Maus verwandeln könntest. Du kannst gewiß mehr als irgendein Zauberer in der Welt, aber das wird dir doch zu hoch sein." Der Zauberer wurde ganz freundlich von den süßen Worten und sagte: „O ja, liebes Kätzchen, das kann ich auch", und sprang als eine Maus im Zimmer herum. Der Kater war hinter ihm her, fing die Maus mit einem Sprung

und fraß sie auf. Der König aber war mit dem Grafen und der Prinzessin weiter spazierengefahren und kam zu der großen Wiese. „Wem gehört das Heu?" fragte der König. „Dem Herrn Grafen", riefen alle, wie der Kater ihnen befohlen hatte. „Ihr habt da ein schön Stückes Land, Herr Graf", sagte der König. Danach kamen sie an das große Kornfeld. „Wem gehört das Korn, ihr Leute?" „Dem Herrn Grafen." „Ei! Herr Graf! Große, schöne Ländereien!" Darauf gelangten sie zu dem Wald. „Wem gehört das Holz, ihr Leute?" „Dem Herrn Grafen." Der König verwunderte sich noch mehr und sagte: „Ihr müßt ein reicher Mann sein, Herr Graf, ich glaube nicht, daß ich einen so prächtigen Wald habe." Endlich kamen sie an das Schloß, der Kater stand oben an der Treppe, und als der Wagen unten hielt, sprang er herab, machte die Türe auf und sagte: „Herr König, Ihr gelangt hier in das Schloß meines Herrn, des Grafen, den diese Ehre für sein Lebtag glücklich machen wird." Der König stieg aus und verwunderte sich über das prächtige Gebäude, das fast größer und schöner war als sein Schloß; der Graf aber führte die Prinzessin die Treppe hinauf in den Saal, der ganz von Gold und Edelsteinen flimmerte.

Da wurde die Prinzessin mit dem Grafen verheiratet, und als der alte König starb, wurde er König, der gestiefelte Kater aber erster Minister.

Schlaraffenland

Kleine Märchenkunde

Wie Der Hase und der Igel *stammt auch das Märchen vom* Schlaraffenland *aus Ludwig Bechsteins Märchensammlung. Das Motiv von dem Land, in dem Milch und Honig fließt, dürfte so alt sein wie die Menschheit selbst und reicht bis zu den Mythen vom verlorenen Paradies zurück. Das Wort „Schlaraffen" kommt vom „schlauen Affen" und bezeichnet diejenigen, die sich ohne zu arbeiten im Leben einzurichten wissen. Es liegt auf der Hand, daß das Thema sich demnach zur Zeitsatire anbot, und so hat auch Bechstein viele Anspielungen auf seine Zeit hineingebracht: Vor allem die modetollen Frauen kommen bei ihm nicht gut weg.*
Auch die konkreten Überlieferungen des Stoffes lassen sich weit zurückverfolgen: Im 13. Jahrhundert fand er seinen Niederschlag im Volkslied, und Hans Sachs hat ihn meisterlich besungen. Er war in Frankreich genauso beliebt wie in Italien und England, in Österreich und der Schweiz. Die Brüder Grimm zeichneten eine Variante auf, die mehr in den Bereich des Lügenmärchens, der „verkehrten Welt" gehört.

Hört einmal zu, ich will euch von einem Lande erzählen, dorthin würde mancher gern auswandern, wüßte er nur, wo es liegt. Aber der Weg dorthin ist weit, sowohl für die Jungen als auch für die Alten, denen es im Winter zu kalt ist und im Sommer zu heiß. Diese schöne Gegend heißt Schlaraffenland. Da sind die Häuser mit Eierfladen gedeckt und Türen und Wände aus Lebkuchen und die Balken aus Schweinebraten. Was man bei uns für einen Dukaten kauft, kostet dort nur einen Pfennig. Um jedes Haus steht ein Zaun, der ist aus Bratwürsten geflochten und aus bayerischen Würsteln, die sind teils auf dem Rost gebraten, teils frisch gesotten, je nachdem, wie einer sie gern ißt. Alle Brunnen sind voll von Likör und andern süßen Weinen, auch von Cham-

pagner. Das alles rinnt einem nur so in den Mund hinein, wenn man ihn an die Röhren hält. Wer also gern solchen Wein trinkt, der beeile sich, daß er in das Schlaraffenland komme. Auf den Birken und Weiden wachsen frischgebackene Semmeln, und unter den Bäumen fließen Milchbäche, in die fallen die Semmeln hinein und weichen für diejenigen auf, die sie gern einbrocken. Das ist etwas für Weiber und Kinder, für Knechte und Mägde. Holla Gretel! Holla Steffel! Wollt ihr nicht auswandern? Macht euch auf zum Semmelbach und vergeßt nicht, einen großen Milchlöffel mitzubringen! Die Fische schwimmen im Schlaraffenland oben auf dem Wasser, sie sind auch schon gebacken oder gekocht und schwimmen ganz nah am Ufer. Wenn aber einer gar zu faul ist und ein echter Schlaraff, der braucht nur „pst, pst!" zu rufen, so kommen die Fische auch aufs Land spaziert und springen dem guten Schlaraffen in die Hand, so daß er sich nicht zu bücken braucht. Das könnt ihr glauben, die Vögel fliegen dort gebraten in der Luft herum: Gänse und Truthähne, Tauben und Kapaunen, Lerchen und Krammetsvögel. Und wem es zuviel Mühe macht, die Hand danach auszustrecken, dem fliegen sie schnurstracks in den Mund hinein. Die Spanferkel geraten dort jedes Jahr vortrefflich. Sie laufen gebraten umher, und ein jedes trägt ein Tranchiermesser im Rücken, damit, wer da will, sich ein frisches, saftiges Stück davon abschneiden kann.

Die Käse wachsen im Schlaraffenland wie die Steine, groß und klein; die Steine selbst aber sind lauter gefüllte Taubenkröpfe oder auch kleine Fleischpastetchen. Im Winter, wenn es regnet, regnet es lauter süße Honigtropfen, so daß einer lecken und schlecken kann, daß es eine Lust ist. Und wenn es schneit, so schneit es klaren Zucker, und wenn es hagelt, so hagelt es Würfelzucker, durchsetzt mit Feigen, Rosinen und Mandeln.

Im Schlaraffenland legen die Pferde keine Pferdeäpfel, sondern Eier, große, ganze Körbe voll, so daß man tausend für einen Pfennig kaufen kann, und das Geld kann man von den Bäumen schütteln wie Kastanien. Jeder darf sich das beste herunterschütteln, das weniger gute liegen lassen. In dem Lande gibt es auch große Wälder. Dort wachsen auf Büschen und Bäumen die

schönsten Kleider, Röcke, Mäntel, Hosen und Jacken in allen Farben: schwarze, grüne, gelbe, blaue oder rote. Wer daher ein neues Gewand braucht, der geht in den Wald und holt es mit einem Stein herunter oder schießt mit dem Bolzen hinauf. In der Heide wachsen schöne Damenkleider aus Samt, Seide, Taft und Atlas. Das Gras besteht aus Bändern aller Farben. Die Wacholderstöcke tragen Broschen und goldene und silberne Anstecknadeln, und ihre Beeren sind nicht etwa schwarz, sondern echte Perlen. An den Tannen hängen Damenuhren, auf den Stauden wachsen Stiefel und Schuhe, auch Herren-und Damenhüte und allerlei Kopfputz mit Paradiesvögeln, Kolibris, Brillantkäfern, Perlen oder mit Silber- und Goldborten verziert.

Auch mancherlei Kurzweil gibt es im Schlaraffenland. Wer hierzulande kein Glück hat, der hat es dort im Spielen. Auch für die Schlafmützen, die hier von ihrer Faulheit arm werden, so daß sie eines Tages betteln gehen müssen, ist

jenes Land vortrefflich. Jede Stunde Schlaf bringt dort einen Gulden ein, und für jedes Gähnen erhält man einen Doppeltaler. Wer im Spiel verliert, dem fällt sein Geld wieder in die Tasche. Die Trinker haben den besten Wein umsonst. Wer die Leute am besten necken kann, bekommt jeweils einen Gulden. Keiner darf etwas umsonst tun, und wer dem andern die größte Lüge auftischt, der erhält einen Orden dafür. Wer dort gern arbeitet, Gutes tut und Böses läßt, den kann keiner leiden, und er wird aus dem Schlaraffenland gewiesen. Aber wer grob ist, gar nichts kann und doch einen dummen Dünkel hat, der ist dort ein Edelmann. Wer nichts kann als schlafen, essen, trinken, tanzen und spielen, der wird zum Grafen ernannt. Der aber, der am allerfaulsten ist und zu gar nichts Gutem taugt, wird zum König über das ganze Land ernannt und hat ein großes Einkommen.

Nun kennt ihr die Art und Eigenschaften des Schlaraffenlandes. Wer also dorthin eine Reise machen will, aber den Weg nicht weiß, der frage einen Blinden, aber auch ein Stummer eignet sich dazu, denn er sagt ihm gewiß keinen falschen Weg. Um das ganze Land herum ist aber eine berghohe Mauer aus Reisbrei. Wer hinein will oder heraus, muß sich da erst hindurchfressen.

Die Prinzessin auf der Erbse

Kleine Märchenkunde

Hans Christian Andersen hat mit seiner Prinzessin auf der Erbse fast ein Antimärchen geschaffen. Märchenprinzessinnen sind nicht lediglich Königstöchter, sondern sie sind (mit Ausnahme der Rätselprinzessinnen wie beispielsweise Turandot) eigentlich nur Darstellungen der vollkommenen jungen Frau: gescheit, anmutig und schön. Wenn das Märchen „Prinzessin" sagt, meint es „perfekte Frau und Geliebte". Der Prinz in Andersens Märchen findet aber zunächst nur recht mangelhafte Exemplare, denn: „Immer war etwas, was nicht so ganz in Ordnung war." Das wäre im Volksmärchen nicht möglich, dort ist mit der Prinzessin nämlich immer alles ganz in Ordnung. Dann wiederum übersteigert der Märchendichter die Qualitäten der Königstochter ins Absolute, eigentlich Absurde: Die endlich gefundene „richtige", „echte", zunächst jedoch wenig versprechend wirkende Prinzessin qualifiziert sich durch einen Test: Eine winzige Erbse unter zehn Matratzen und zehn Betten drückt sie am ganzen Körper braun und blau. Durch diese parodistische Übertreibung und die verstärkende Schlußbemerkung: „Sieh, das war eine wahre Geschichte" kippt die Historie ins Lustige. Zugleich kann aber Die Prinzessin auf der Erbse *auch als selbstironische Darstellung von Andersens eigener, von ihm durchaus erkannter Überempfindlichkeit gedeutet werden. Der Titel übrigens ist ja auch sprichwörtlich geworden für überempfindliche, auf alles allergisch reagierende Menschen. Und ein besseres Zeichen für Popularität gibt es wohl kaum.*

Es war einmal ein Prinz, der wollte eine Prinzessin heiraten, aber es sollte eine wirkliche Prinzessin sein. Da reiste er in der ganzen Welt herum, um eine solche zu suchen, aber überall war etwas im Wege. Prinzessinnen gab es genug, aber ob es wirkliche Prinzessinnen waren, konnte er nicht herausfinden. Immer war etwas, was nicht so ganz in Ordnung war. Da kam er denn wieder nach Hause und war ganz traurig, denn er wollte doch so gern eine wirkliche Prinzessin haben.

Eines Abends zog ein schreckliches Gewitter auf; es blitzte und donnerte, der Regen strömte herunter, es war ganz entsetzlich! Da klopfte es an das Schloßtor, und der alte König ging hin, um aufzumachen. Es war eine Prinzessin, die draußen vor dem Tore stand. Aber, o Gott, wie sah die von dem Regen und dem bösen Wetter aus! Das Wasser lief ihr von den Haaren und Kleidern herunter; es lief in die Schnäbel der Schuhe hinein und an den Hacken wieder heraus. Und doch sagte sie, daß sie eine wirkliche Prinzessin sei.

„Ja, das werden wir schon erfahren!" dachte die alte Königin. Aber sie sagte nichts, ging in die Schlafkammer hinein, nahm alle Betten ab und legte eine Erbse auf den Boden der Bettstelle; darauf nahm sie zwanzig Matratzen und legte sie auf die Erbse und dann noch zwanzig Eiderdaunendecken über die Matratzen. Da mußte nun die Prinzessin die ganze Nacht liegen. Am Morgen wurde sie gefragt, wie sie geschlafen habe. „Oh, schrecklich schlecht!" sagte die Prinzessin. „Ich habe meine Augen fast die ganze Nacht nicht geschlos-

sen! Gott weiß, was da im Bett ist! Ich habe auf etwas Hartem gelegen, so daß ich ganz braun und blau an meinem ganzen Körper bin! Es ist ganz entsetzlich!"

Nun sahen sie ein, daß sie eine wirkliche Prinzessin war, da sie durch die zwanzig Matratzen und die zwanzig Eiderdaunendecken hindurch die Erbse gespürt hatte. So empfindlich konnte niemand sein als nur eine wirkliche Prinzessin. Da nahm der Prinz sie zur Frau, denn nun wußte er, daß er eine wirkliche Prinzessin besitze; und die Erbse kam in die Kunstkammer, wo sie noch zu sehen ist, wenn niemand sie gestohlen hat.

Sieh, das war eine wahre Geschichte.

Daumesdick

Kleine Märchenkunde

Das Märchen liebt Extreme in polarer Konstellation: weiß und schwarz, gut und böse, Held und Widersacher, groß und klein, Leben und Tod, Glück und Unglück. Es sind fast immer Gegensatzpaare. Gibt es im Märchen Riesen, so muß es auch Zwerge geben. Und um eben ein solches Extrem handelt es sich bei dem nach normalen körperlichen Maßstäben viel zu klein geratenen Menschlein, dem Däumling oder Daumesdick. Sein Gegenstück wäre etwa der Starke Hans, eine schon als Kind mit unbändiger Kraft und übernormaler Größe ausgestattete Figur, die ganze Bäume ausreißen und dicke Eisenpfähle biegen kann.
Märchen sind immer auch Abenteuererzählungen. Und Abenteuer ereignen sich nicht unter normalen Bedingungen, sondern wenn Ungewöhnliches, gemessen am Alltag: Extremes geschieht. Also auch in der Handlung neigt das Märchen zum Extrem: Die außergewöhnliche Gestalt, hier Daumesdick, muß nach den Gesetzen des Märchens außergewöhnliche Abenteuer durchstehen. Und gerade deshalb können wir uns über die spannenden Abenteuer amüsieren.
Die Brüder Grimm konnten bei ihrer Aufzeichnung auf eine ganze Reihe von Erzählungen zurückgehen, die das Motiv unter verschiedenen Titeln behandelten. Zwar dürfte das Grimmsche Märchen heute das bekannteste sein, aber als Titel hat sich mehr die Bechsteinsche Bezeichnung Der kleine Däumling *durchgesetzt. Auch dieses Märchenmotiv ist sehr alt. So hatten schon die alten Griechen ihre Däumlingssagen, und von einem Dichter namens Philytas wurde erzählt, daß er Blei in den Schuhen trug, um nicht vom Wind davongetragen zu werden.*

Es war ein armer Bauersmann, der saß abends beim Herd und schürte das Feuer, und seine Frau saß und spann. Da sprach er: „Wie ist's so traurig, daß wir keine Kinder haben! Es ist so still bei uns, und in den andern Häusern ist's so laut und lustig." „Ja", antwortete die Frau und seufzte, „wenn's nur ein einziges wäre, und wenn's auch ganz klein wäre, nur daumengroß, so wollt' ich schon zufrieden sein; wir hätten's doch von Herzen lieb." Nun geschah es, daß die Frau kränklich wurde und nach sieben Monaten ein Kind gebar, das zwar an allen Gliedern vollkommen gesund, aber nicht länger als ein Daumen war. Da sprachen sie zueinander: „Es ist, wie wir es gewünscht haben, und es soll unser liebes Kind sein", und nannten es nach seiner Gestalt Daumesdick. Sie ließen's nicht an Nahrung fehlen, aber das Kind wurde nicht größer, sondern blieb, wie es in der ersten Stunde gewesen war; doch schaute es verständig aus den Augen und zeigte sich bald als ein kluges und behendes Kerlchen, dem alles glückte, was es anfing.

Der Bauer machte sich eines Tages fertig, um in den Wald zu gehen und Holz zu fällen; da sprach er vor sich hin: „Nun wollt' ich, daß einer da wäre, der mir den Wagen brächte." „O Vater", rief Daumesdick, „den Wagen will ich schon bringen, verlaß dich darauf!" Da lachte der Mann und sprach: „Wie sollte das zugehen? Du bist viel zu klein, um das Pferd mit dem Zügel zu leiten." „Das tut nichts, Vater, wenn nur die Mutter anspannen will. Ich setze mich dem Pferd ins Ohr und rufe ihm zu, wie es gehen soll." „Nun", antwortete der Vater, „einmal wollen wir's versuchen." Als die Stunde kam, spannte die Mutter an und setzte Daumesdick ins Ohr des Pferdes, und dann rief der Kleine, wie das Pferd gehen solle, „Jüh" und „Joh", „Hot" und „Har." Da ging es ganz ordentlich wie bei einem Meister, und der Wagen fuhr den richtigen Weg in den Wald. Als er eben um die Ecke bog und der Kleine „Har, har!" rief, kamen zwei fremde Männer daher. „Mein Gott", sprach der eine, „was ist das? Da fährt ein Wagen und ein Fuhrmann ruft dem Pferde zu und ist doch nicht zu sehen." „Das geht nicht mit rechten Dingen zu", sagte der andere, „wir wollen dem Karren folgen und sehen, wo er anhält." Der Wagen aber fuhr vollends in den Wald hinein und richtig zu dem Platze, wo das Holz gehauen wurde. Als Daumesdick seinen Vater erblickte, rief er ihm zu: „Siehst du, Vater, da bin ich mit dem Wagen, nun hol mich herunter!" Der Vater faßte das Pferd mit der Linken und holte mit der Rechten sein Söhnlein aus dem Ohr, der sich ganz lustig auf einem Strohhalm niedersetzte.

Als die beiden fremden Männer Daumesdick erblickten, wußten sie nicht, was sie vor Verwunderung sagen sollten. Da nahm der eine den andern beiseite und sprach: „Hör, der kleine Kerl könnte unser Glück machen, wenn wir ihn in einer großen Stadt für Geld zeigten. Wir wollen ihn kaufen." Sie gingen zu dem Bauern und sprachen: „Verkaufe uns den kleinen Mann, er soll's gut bei uns haben." „Nein", antwortete der Vater, „er ist mein Herzblatt und ist mir für alles Gold in der Welt nicht feil." Daumesdick aber, als er von dem Handel hörte, kroch an den Rockfalten seines Vater hinauf, stellte sich ihm auf die Schulter und wisperte ihm ins Ohr: „Vater, gib mich nur hin, ich will schon wieder zurückkommen." Da gab ihn der Vater für ein schönes Stück Geld den beiden

Männern hin. „Wo willst du sitzen?“ sprachen sie zu ihm. „Ach, setzt mich nur auf den Rand von eurem Hut; da kann ich auf und ab spazieren und die Gegend betrachten und falle doch nicht herunter.“ Sie taten ihm den Willen, und als Daumesdick Abschied von seinem Vater genommen hatte, machten sie sich mit ihm fort. So gingen sie, bis es dämmerig wurde; da sprach der Kleine: „Hebt mich einmal herunter, es ist nötig.“ „Bleib nur droben“, sprach der Mann, auf dessen Kopf er saß, „ich will mir nichts draus machen, die Vögel lassen mir auch manchmal was auf den Hut fallen.“ „Nein“, sprach Daumesdick, „ich weiß, was sich schickt, heb mich nur geschwind herab.“ Der Mann nahm den Hut ab und setzte den Kleinen auf einen Acker am Weg; da sprang und kroch er ein wenig zwischen den Schollen hin und her, dann schlüpfte er plötzlich in ein Mauseloch. „Guten Abend, ihr Herren, geht nur ohne mich heim!“ rief er ihnen zu und lachte sie aus. Sie liefen herbei und stachen mit Stöcken in das Mauseloch, aber das war vergebliche Mühe.

Als Daumesdick merkte, daß sie fort waren, kroch er aus dem unterirdischen Gang hervor. „Es ist auf dem Acker in der Finsternis so gefährlich zu gehen", sprach er, „wie leicht bricht einer Hals und Bein!" Zum Glück stieß er an ein leeres Schneckenhaus, „Gottlob", sagte er, „da kann ich die Nacht sicher zubringen", und setzte sich hinein. Nicht lang, so hörte er zwei Männer vorübergehen, davon sprach der eine: „Wie wir's nur anfangen, dem reichen Pfarrer sein Geld und sein Silber zu stehlen?" „Das könnt' ich dir sagen", rief Daumesdick dazwischen. „Was war das?" fragte der eine Dieb erschrocken, „ich hörte jemand sprechen." Sie blieben stehen und horchten, da sprach Daumesdick wieder: „Nehmt mich mit, so will ich euch helfen!" „Wo bist du denn?" „Sucht nur auf der Erde und merkt, wo meine Stimme herkommt", antwortete er. Da fanden ihn endlich die Diebe und hoben ihn in die Höhe. „Du kleiner Wicht, wie willst du uns helfen?" fragten sie. „Seht", antwortete er, „ich krieche zwischen den Eisenstäben in die Kammer des Pfarrers und reiche euch heraus, was ihr haben wollt." „Wohlan", sagten sie, „wir wollen sehen, was du kannst." Als sie bei dem Pfarrhaus ankamen, kroch Daumesdick in die Kammer, schrie aber gleich aus Leibeskräften: „Wollt ihr alles haben, was hier ist?" Die Diebe erschraken und sagten: „So sprich doch leise, damit niemand aufwacht." Aber Daumesdick tat, als hätte er sie nicht verstanden und schrie noch lauter: „Was wollt ihr? Wollt ihr alles haben, was hier ist?" Das hörte die Köchin, die in der Stube daneben schlief, richtete sich im Bett auf und horchte. Die Diebe aber waren vor Schrecken ein Stück zurückgelaufen. Endlich faßten sie wieder Mut und dachten: „Der kleine Kerl will uns necken." Sie kamen zurück und flüsterten ihm zu: „Nun mach Ernst und reich uns etwas heraus." Da schrie Daumesdick noch einmal, so laut er konnte: „Ich will euch ja alles geben, reicht nur die Hände herein!" Dies hörte die horchende Magd ganz deutlich, sprang aus dem Bett und stolperte zur Tür herein. Die Diebe liefen fort; die Magd aber konnte im Dunkeln nichts sehen und ging hinaus, um ein Licht anzuzünden. Als sie damit zurückkam, machte sich Daumesdick, ohne daß er gesehen wurde, hinaus in die Scheune. Nachdem die Magd alle Winkel durchgesucht und nichts gefunden hatte, legte sie sich endlich wieder zu Bett und glaubte, sie hätte mit offenen Augen und Ohren doch nur geträumt.

Daumesdick war in den Heuhälmchen herumgeklettert und hatte einen schönen Platz zum Schlafen gefunden. Da wollte er sich ausruhen, bis es Tag wäre, und dann zu seinen Eltern heimgehen. Aber er mußte andere Dinge erfahren! Ja, es gibt viel Trübsal und Not auf der Welt! Die Magd stieg, als der Tag graute, schon aus dem Bett, um das Vieh zu füttern. Ihr erster Gang war in die Scheune, wo sie einen Arm voll Heu packte, und gerade dasjenige, worin der arme Daumesdick lag und schlief. Er schlief aber so fest, daß er nichts merkte

und nicht eher aufwachte, als bis er in dem Maul der Kuh war, die ihn mit dem Heu aufgerafft hatte. „Ach Gott", rief er, „Wohin bin ich da nur geraten?" merkte aber bald, wo er war. Da hieß es aufpassen, daß er nicht zwischen die Zähne kam und zermalmt wurde, und er rutschte unverletzt mit dem Heu in den Magen hinab. „In dem Stübchen sind die Fenster vergessen", sprach er, „und es scheint keine Sonne herein. Ein Licht wird auch nicht gebracht." Überhaupt gefiel ihm das Quartier schlecht, und was das Schlimmste war, es kam immer mehr neues Heu zur Tür herein, und der Platz wurde immer enger. Da rief er endlich voller Angst, so laut er konnte: „Bringt mir kein frisches Futter mehr, bringt mir kein frisches Futter mehr!" Die Magd molk gerade die Kuh, und als sie sprechen hörte, ohne jemand zu sehen, und es dieselbe Stimme war, die sie auch in der Nacht gehört hatte, erschrak sie so, daß sie von ihrem Stühlchen herabrutschte und die Milch verschüttete. Sie lief in größter Hast zu ihrem Herrn und rief: „Ach Gott, Herr Pfarrer, die Kuh hat geredet!" „Du bist verrückt", antwortete der Pfarrer, ging aber doch selbst in den Stall und wollte nachsehen, was es da gäbe. Kaum aber hatte er den Fuß hineingesetzt, so rief Daumesdick aufs neue: „Bringt mir kein frisches Futter mehr, bringt mir kein frisches Futter mehr!" Da erschrak auch der Pfarrer und meinte, es wäre ein böser Geist in die Kuh gefahren und ließ sie töten.

Sie wurde geschlachtet, der Magen aber, worin Daumesdick steckte, wurde auf den Mist geworfen. Daumesdick hatte große Mühe, sich hindurchzuarbeiten, doch brachte er es so weit, daß er Platz bekam, aber als er eben seinen Kopf herausstrecken wollte, kam ein neues Unglück. Ein hungriger Wolf lief heran und verschlang den ganzen Magen mit einem Schluck. Daumesdick verlor den Mut nicht. „Vielleicht", dachte er, „läßt der Wolf mit sich reden." Er rief ihm aus dem Wanst zu: „Lieber Wolf, ich weiß für dich einen herrlichen Fraß!" „Wo ist der zu holen?" fragte der Wolf. „In dem und dem Haus, da mußt du durch die Kellerluke hineinkriechen und wirst Kuchen, Speck und Wurst finden, so viel du fressen willst", und Daumesdick beschrieb ihm genau seines Vaters Haus. Der Wolf ließ sich das nicht zweimal sagen, drängte sich in der Nacht zur Luke hinein und fraß in der Vorratskammer nach Herzenslust. Als er sich gesättigt hatte, wollte er wieder fort, aber er war so dick geworden, daß er denselben Weg nicht wieder hinaus konnte. Damit hatte Daumesdick gerechnet und fing nun an, in dem Leib des Wolfes einen gewaltigen Lärm zu machen, tobte und schrie, was er konnte. „Willst du stille sein", sprach der Wolf, „du weckst die Leute auf!" „Ei was", antwortete der Kleine, „du hast dich satt gefressen, ich will jetzt auch mein Vergnügen", und fing von neuem an, aus allen Kräften zu schreien.

Davon erwachten endlich sein Vater und seine Mutter, liefen zur Kammer und schauten durch die Spalte hinein. Als sie sahen, daß ein Wolf darin hauste, liefen sie davon, und der Mann holte die Axt und die Frau die Sense. „Bleib dahinten", sprach der Mann, als sie in die Kammer traten, „wenn ich ihm einen Schlag gegeben habe und er davon noch nicht tot ist, so mußt du auf ihn einhauen und ihm den Leib zerschneiden!" Da hörte Daumesdick die Stimme seines Vaters und rief: „Lieber Vater, ich bin hier, ich stecke im Leibe des Wolfs." Als der Vater das hörte, sprach er voll Freude: „Gottlob, unser liebes Kind hat sich wiedergefunden", und ließ die Frau die Sense weglegen, damit Daumesdick nicht verletzt würde. Danach holte er aus und gab dem Wolf einen Schlag auf den Kopf, daß er tot niederstürzte; dann suchten sie Messer und Schere, schnitten ihm den Leib auf und zogen den Kleinen wieder hervor. „Ach", sprach der Vater, „was haben wir für Sorge um dich ausgestanden!" „Ja Vater, ich bin viel in der Welt herumgekommen!" „Wo bist du denn überall gewesen?" „Ach, Vater, ich war in einem Mauseloch, im Bauch einer Kuh und im Wanst eines Wolfes. Nun bleib ich bei euch!" „Und wir verkaufen dich um alle Reichtümer der Welt nicht wieder", sprachen die Eltern und herzten und küßten ihren lieben Daumesdick. Sie gaben ihm zu essen und zu trinken und ließen ihm neue Kleider machen; denn seine waren auf der Reise verdorben.

Im Bassermann-Programm sind unter anderem
auch folgende Titel erschienen:
„Kein schöner Land" ... Das große Buch der Volkslieder (Nr. 0001)
„Das neue große farbige Lexikon" (Nr. 0002)
„Großes Wilhelm Busch Album" (Nr. 0004)
„Besser reden, schreiben, rechnen" (Nr. 0009)

ISBN 3 8094 0017 3

Genehmigte Ausgabe für
Bassermann'sche Verlagsbuchhandlung

Titelbild und Zeichnungen: G.J.W. Vieth
Gesamtkonzeption: Bassermann'sche Verlagsbuchhandlung,
D-6272 Niedernhausen/Ts.

817 2635 44